AF568445

Claudia Rademacker

Erkundungsgeschichten

Hilf mir, die Welt zu begreifen

Bibliographische Information der Deutschen Bibliothek
Die Deutsche Bibliothek verzeichnet diese Publikation in der Deutschen Nationalbibliographie; detaillierte bibliographische Daten sind im Internet unter http://dnb.ddb.de abrufbar.

Gehen Sie uns „ins Netz"!
Besuchen Sie uns im Internet unter
www.vonLoeper.de

Gerne senden wir Ihnen kostenlos ausführliche Informationen zu unserem Verlagsprogramm zu und informieren Sie regelmäßig über wichtige Neuerscheinungen zum Thema. (Adresse siehe unten)

Wichtiger Hinweis:
Ausführliche Zusatzinformationen zu diesem Buch, Hinweise, wichtige Links und weiteres Bonus-Material finden Sie im Internet unter
www.vonLoeper.de

Fotos: Jule Mussenbrock und Lukas Schönebeck
Ausmalbilder: Stina Rademacker

Originalausgabe

1A-1H-0725-sc

Gesamtherstellung und Vertrieb:
Ariadne Buchdienst,
Daimlerstr. 23, 76185 Karlsruhe
Tel. (0721) 464729-029
Fax (0721) 464729-099
E-Mail: Info@vonLoeper.de
Internet: www.vonLoeper.de

ISBN 978-3-86059-255-7

Inhalt

1 Die Entstehung der Erkundungsgeschichten **8**

2 Elemente der Erkundungsgeschichten **10**
- 2.1 Material und Materialerkundung 10
- 2.2 Geschichten 12
- 2.3 Inszenierung der Geschichten 13

3 Zielgruppe und Einsatzmöglichkeiten **14**

4 Erkundungsgeschichten **15**
- Das geheimnisvolle Schloss 16
- Der Schatz der Zarenfamilie 20
- Chaos in der Verkleidungskiste 26
- Das schwarze Schaf bei den Kichererbsen 30
- Das Traumpaar aus der Werkzeugkiste 34
- Aufregung im Kosmetikkoffer 38
- Der Badezimmerspuk 42
- Der Täter am Kühlschrank 46
- Else mit dem fahrbaren Supermarkt 50
- Die Küchenparty 55
- Tango im Salat 59
- Der Magier Zumpo 63
- Julchen zieht aus 66
- Anton und das Sockenmonster Sofie 71
- Zauberland 75

5 Literatur **79**

Danksagung

Mein besonderer und herzlichster Dank gilt meinen Kindern, Jule, Stina und Teresa. Sie haben mich immer unterstützt und motiviert.

Für den Zuspruch und die Unterstützung dieses Buch zu veröffentlichen möchte ich mich bei Maria bedanken.

Ein herzliches Dankeschön gilt auch der St. Elisabeth Schule in Burgsteinfurt.

Sekundenglück

Eine Blume die blüht.

Ein nettes Wort.

Ein freundliches Lächeln.

Ein gutes Essen.

Und wenn ich

die Blume nicht sehen kann,

das Wort nicht hören kann,

das Lächeln nicht spüren kann,

das Essen nicht schmecken kann,

habe ich dann kein Sekundenglück?

Doch, aber mein Zugang ist ein anderer.

Eine Blume muss ich fühlen und riechen.

Ein Wort muss ich sehen und spüren.

Ein Lächeln muss mein Herz berühren.

Ein Essen muss ich mit allen Sinnen erleben.

Wenn du das schaffst,

dann habe ich Sekundenglück.

1 Die Entstehung der Erkundungsgeschichten

Die erste Erkundungsgeschichte entstand, als eine Schulfahrt mit einer Gruppe von Schüler:innen mit intensivem Förderbedarf geplant war. Weg vom Schulalltag, sollen sie zwei Tage lang ein besonderes Angebot bekommen, das nur auf ihre speziellen Bedürfnisse, Besonderheiten und individuellen Lernvoraussetzungen ausgerichtet ist. Die Schülergruppe umfasste sechs Schüler:innen im Alter von 10 bis 18 Jahren. Also eine sehr heterogene Gruppe mit verschiedenen Behinderungsarten. Alle Schüler:innen haben eine Mehrfachbehinderung, diese umfasst Blindheit, Taubheit körperliche und geistige Behinderung. Die besondere Herausforderung bestand darin, Geschichten zu erzählen und zu präsentieren und die verschiedenen Wahrnehmungskanäle der Schüler:innen, die zur Verfügung stehen, anzusprechen.

Nun ging es an die Planung der inhaltlichen Gestaltung dieser Fahrt. Ausgehend von den pädagogischen Grundlagen der Förderung von Schüler:innen mit intensivem Förderbedarf galt es, einen Inhalt zu finden, der auf das Entwicklungsalter mit seinen individuellen Lernausgangslagen und Förderbedürfnissen ausgerichtet war, alle Sinnesbereiche ansprach, dabei aber das Lebensalter und die Gefühlswelt nicht außer Acht ließ. Darüber hinaus war mir besonders wichtig, neben der individuell auf jeden Einzelnen ausgerichteten Förderung, zu einem gemeinsamen Erleben und Handeln zu kommen, bei dem Freude, Vergnügen, Wohlbefinden und vor allem das soziale Miteinander ausreichend Raum finden konnten.

Mit diesen Vorgaben entstand die Idee einer Erkundungsgeschichte. Eingebettet in die Geschichte, sollten nun die sechs Schüler:innen als Freunde auf Entdeckungsreise gehen, dabei ein gemeinsames Abenteuer erleben und im Verlauf dieses Abenteuers einen Schatz suchen und finden. So entwickelte sich die Geschichte „Der Schatz der Zarenfamilie", die passend zur Jahreszeit der Schulfahrt, den dort zur Verfügung stehenden Gruppenraum für zwei Tage in eine winterliche russische Wald- und Schneelandschaft verwandelte, darüber hinaus eine Fülle an Medien und Materialien bereithielt und somit ein Fest für alle Sinneseindrücke und -freuden sein konnte: Eine Geschichte, eine mit allen Sinnen erlebbar gemachte Entdeckungsgeschichte, eine Erkundungsgeschichte. Die Schulfahrt mit ihrer Entdeckungsreise und Schatzsuche wurde zu einem intensiven, erfolgreichen und unvergesslichen Erlebnis.

Dann kam im Jahr 2020 die Corona-Pandemie, der erste Lockdown und damit zum ersten Mal die Herausforderung, Präsenzunterricht in der Schule als Distanzunterricht zuhause zu gestalten und für Lehrer:innen wie auch die Eltern bzw. häuslichen Begleitpersonen durchführbar zu machen. Wie konnte also Distanzunterricht für Schüler:innen mit intensivem Förderbedarf aussehen? Aus dieser Frage heraus entstand die Idee an die erfolgreiche Schulfahrt mit der Erkundungsgeschichte „Der Schatz der Zarenfamilie" anzuknüpfen und weitere Geschichten zu gestalten. Durch die vielen positiven Reaktionen auch seitens der Eltern bzw. Betreuungspersonen sollte bei diesen Geschichten im Fokus stehen, dass sie leicht von zuhause durchführbar sind.

Die Rückbesinnung auf die Schulfahrt mit ihrer Erkundungsgeschichte „Der Schatz der Zarenfamilie" und die diesbezüglichen vielfältigen positiven Reaktionen auch seitens der Eltern bzw. Betreuungspersonen, ermutigten mich, ähnliche neue Geschichten zu schreiben, die auch zuhause durchführbar waren. So lag es nahe, nach Lerninhalten, Lerngegenständen und -möglichkeiten zu schauen, die eine Auseinandersetzung damit im direkten familiären Umfeld erlaubten. Geschichten, die sich die Auseinandersetzung mit der dinglichen Umwelt im häuslichen Bereich mithilfe aller Sinne zum Ziel nahmen, die kurz, leicht nachstell- und umsetzbar waren, keine aufwendige Materialbeschaffung erforderten, die Neugier weckten, Spannung erzeugten, Freude bereiteten und auch „Quatsch und Unsinn" zuließen. So sollte fernab von vertrautem Unterricht in der Schul- und Klassengemeinschaft eine Motivationslage geschaffen werden, die, auch allein zuhause, Anreize bietet, sich auf Lernstoffe einzulassen, die den inneren Antrieb weckt und unterstützt. Die Schüler:innen sollten ermutigt werden, in Aktion zu kommen, in handelnden Umgang mit Dingen und Notwendigkeiten des täglichen Lebens, mit täglich wiederkehrenden Gegenständen, Materialien und Verrichtungen. Die bisher entstandenen Geschichten sollen in diesem Buch vorgestellt werden.

2 Elemente der Erkundungsgeschichten

Die drei wesentlichen Elemente der Erkundungsgeschichten sind das Material, die Geschichten und die Inszenierung der Geschichten. Sie bilden das Gerüst, in dem neben der Materialerkundung auf allen Sinnesebenen vielfältige kinesiologisch-kinästhetische, kommunikative, lebenspraktische, emotionale und soziale Erfahrungen gemacht werden können. In einer 1:1-Situation oder in der Kleingruppe besteht die Chance, in einen basalen Austausch zu kommen, der auch die Mitgestaltung durch die Schüler:innen selbst im Blick behält. Angeregt, begleitet und unterstützt werden die Umwelterkundungen durch Geschichten, die mit einer thematisch ausgerichteten Rahmenhandlung die Vorlagen zur Inszenierung in einer entsprechend vorbereiteten Umgebung schaffen (vgl. Zimmer, Freiburg i. B. 2019, S. 12 f.). Hierdurch soll den Schüler:innen mit intensivem Förderbedarf Raum gegeben werden, sich aktiv beteiligend mit ihrer Lebenswelt auseinanderzusetzen. Immer wieder neu sollen sie motiviert und ermutigt werden, sich auf Materialien, Gegenstände und Situationen, die ihren Alltag bestimmen, einzulassen. Diese zu fokussieren, handelnd zu erfahren und zu erforschen soll Schritt für Schritt zu einer bewussteren, selbstständigeren und damit selbstbestimmteren Bewältigung ihrer individuellen Lebensumstände führen.

2.1 Material und Materialerkundung

Materialerkundung meint das Wahrnehmen, das Erfassen, das Begreifen von Materialien und das stetige Einordnen des so Erlebten in bisherige Erfahrungen. Es geht darum, Situationen zu schaffen, in denen die Schüler:innen die Möglichkeit haben, Materialien mit ihren spezifischen Eigenschaften mithilfe aller Sinne wahrzunehmen, mit dem gesamten Körper zu erspüren, sich handelnd mit ihnen auseinanderzusetzen. Für Menschen mit intensivem Förderbedarf bedeutet das, dass ein Lernen in einer anregenden und gestalteten Umgebung stattfinden sollte, die zum vielfältigen und wiederholenden Hantieren und Handeln mit ausgesuchten Medien auffordert. Gegenstände, Objekte, Materialien sollen bei dem Wahrnehmungsprozess mit allen zur Verfügung stehenden Sinnen handelnd begriffen werden (vgl. Bayrisches Staatsministerium für Unterricht und Kultus – Lehrplan für den Förderschwerpunkt geistige Entwicklung, München 2003, S. 64).

Dabei spielt der Entwicklungsstand der jeweiligen Person eine große Rolle. Je nach ihren individuellen Voraussetzungen können Menschen mit intensivem Förderbedarf mit den angebotenen Materialien experimentieren, d. h., bei der Materialerkundung werden Materialien angeboten, die die Möglichkeit bieten, sie zu entdecken, mit ihnen zu hantieren, sie zweckgerichtet zu handhaben und in den jeweiligen Kontext einzuordnen. So kann die dingliche Welt bei der Auseinandersetzung mit den Materialien strukturiert und nach und nach verfügbar gemacht werden. Dabei können Handlungsabläufe wiederholt und variiert werden; alles auszuprobieren ist wichtig. Um den komplexen Wahrnehmungsprozess einzugrenzen und damit zu vereinfachen, werden die Materialien bestimmten Themenbereichen zugewiesen, kategorisiert und geordnet. Die Themenbereiche sind der unmittelbaren und näheren Umwelt der Schüler:innen entnommen, d. h. dem häuslichen und schulischen Bereich einschließlich deren Umfeldern und den damit verbundenen Alltagssituationen, die es täglich wiederkehrend zu bewältigen gilt. Zum Finden und Bestimmen der Themenbereiche bieten sich beispielsweise einzelne Räume der Wohnung mit ihrem jeweiligen Nutzungszweck an (räumliche Zuordnung der Materialien). Badezimmer, Küche, Schlafzimmer, Wohnzimmer, Werk-, Hauswirtschafts- und Freizeiträume halten eine Vielfalt an Materialien bereit, die bei der Lebensbewältigung eine große Rolle spielen. Auch Einrichtungen außerhalb des häuslichen und schulischen Bereichs wie Einkaufsläden, Freizeiteinrichtungen, kulturelle Einrichtungen, ebenso bestimmte Anlässe wie das Verreisen, Urlaub machen, Besuche, Feiern und Feste können zur Themen- und Materialauswahl beitragen. Sollten Einrichtungen außerhalb des häuslichen und schulischen Bereichs nicht aufgesucht werden können (wie beispielsweise aufgrund der Corona-Pandemie), sollten sie entsprechend nachgestellt werden.

Weitere Aspekte bei der Materialauswahl sollten der hohe Aufforderungscharakter, der große Wiedererkennungswert und die deutliche Unterscheidbarkeit der Gegenstände sein. Die Art und Anzahl der Gegenstände pro Themenbereich sollten dem Lebens- und Entwicklungsalter wie auch den Lernvoraussetzungen, den Vorlieben und Abneigungen der Schüler:innen angepasst sein. Um Verletzungsgefahren auszuschließen, sollten die Materialien vor jedem Anbieten genau auf ihre Beschaffenheit und nicht nur bei Nahrungsmitteln auf ihre Verträglichkeit überprüft werden (Allergien beachten!). Auch bleibt es immer notwendig, die Themenbereiche mit ihren zugehörigen Materialien den jeweiligen äußeren Umständen und Gegebenheiten anzupassen und entsprechend abzuwandeln. So gesehen können alle hier gemachten Vorschläge und Angaben nur Beispielcharakter haben.

Es ist darauf zu achten, langsam, in kleinen Schritten zu beginnen, den Schüler:innen Zeit und Raum zu geben. Nach einer intensiven Auseinandersetzung mit den Materialien sollte eine Entspannungsphase eingebaut werden, die Gelegenheit gibt, die gerade gemachten Erfahrungen nachwirken zu lassen und einordnen zu können. Ebenso ist es wichtig, die Schüler:innen beim Auseinandersetzungsprozess beobachtend zu begleiten, um Befindlichkeiten und Entwicklungen zu erkennen, die dann wiederum Ausgangslage für die Fortsetzungsarbeit sein sollten.

Unter Berücksichtigung all dieser Aspekte ist das Ziel der Erkundungsgeschichten, die räumliche und dingliche Umwelt für Schüler:innen mit intensivem Förderbedarf erfahrbar und immer wieder neu positiv erlebbar zu machen. Nach und nach gelingt so ein Erwerb von Kompetenzen, die dazu führen, die Anforderungen und Herausforderungen des Alltags mit seinen notwendigen Verrichtungen zu bewältigen. Das bedeutet: in Auseinandersetzung / Kommunikation / soziale Beziehung treten; Hilfe annehmen; Verrichtungen / Handlungen an sich geschehen lassen; sich immer aktiver beteiligen; selbstbestimmter und selbstbewusster agieren; Gefühle erkennen, einordnen und zulassen.

2.2 Geschichten

Die Geschichten stehen in engem Kontext zu den oben genannten Themenbereichen mit ihren Materialien und Räumlichkeiten. Das hervorstechende Kennzeichen der Geschichten ist die märchenhafte, phantasie- und humorvolle Gestaltung, die in erster Linie die Gefühlswelt der Schüler:innen ansprechen soll und zum Staunen und Schmunzeln einlädt. Die Materialien, Gegenstände und Objekte erwachen zum Leben. Sie werden personifiziert, d.h. sie erhalten einen Namen und werden mit menschlichen Eigenschaften ausgestattet. Durch diese anthropomorphischen Merkmale sind sie in der Lage, die Schüler:innen als Akteure in die Geschichten einzubeziehen und deren Verlauf als beteiligte Hauptfiguren in einer verzauberten Atmosphäre und Kulisse erleben und mitgestalten zu lassen. Die menschlichen Eigenschaften, die den Dingen übertragen werden, führen zu spannenden, lustigen Situationen, zu witzigen und kuriosen Ereignissen, die die emotionalen Bereiche ansprechen und somit Freude, Spaß, Kummer und dergleichen empfinden und nachspüren lassen. Zudem sollen die Geschichten auf diese Weise das Neugierverhalten herauslocken, Anreize setzen und den inneren Antrieb wecken. Derart motiviert soll es den Schüler:innen gelingen, die Aufmerksamkeit auf bestimmte Gegenstände zu richten und sich zunehmend intensiver, differenzierter und ausdauernder mit ihnen zu beschäftigen. Die täglichen Notwendigkeiten und Verrichtungen des Alltags mit ihren oft monotonen Wiederholungen und Übungsbedarfen wie z.B. bei der Körperpflege mit ihren zugehörigen Utensilien, bei der Nahrungsaufnahme mit vorherigem Einkauf und der Essenszubereitung können, eingebettet in die Geschichten, neu und interessant verpackt werden. So bieten sie gerade den Menschen mit intensivem Förderbedarf die Möglichkeit, sich auch unangenehmen, beschwerlichen, lästigen und manchmal vielleicht schmerzbehafteten Bewegungen und Tätigkeiten zu stellen. Der Föhn, der bisher nach dem Duschen unangenehme Gefühle ausgelöst hat, kann als „Fred, der freche Föhn" in der Geschichte „Badezimmerspuk" von diesen ablenken und einen neuen, positiv besetzten Zugang bekommen, als Föhn, der nur Unfug macht.

Die Geschichten bieten Raum, sie mit einer kleinen Gruppe von Schüler:innen mit intensivem Förderbedarf durchzuführen und zu erarbeiten. Das gemeinsame Erleben der „Abenteuer" fördert neben der individuellen Wahrnehmungsschulung vor allem das Gemeinschaftsgefühl (gemeinsam sind wir stark, gemeinsam stellen wir uns den Herausforderungen, gemeinsam schaffen wir das), was sich wiederum positiv auf das Selbstwertgefühl des Einzelnen auswirkt.

Selbstverständlich können die Geschichten auch Grundlage der Einzelförderung sein, was gerade in Zeiten des Distanzunterrichts von großem Vorteil ist. Sie können den Eltern bzw. betreuenden Personen zuhause gut übermittelt werden (siehe S. 8: Entstehung der Erkundungsgeschichten) und bieten ihnen Anregung und Hilfestellung.

2.3 Inszenierung der Geschichten

Bei der Inszenierung der Erkundungsgeschichten stehen zwei Aspekte im Vordergrund, nämlich die Vorbereitung und Gestaltung der Umgebung und die Rolle des Erzählers.

Zunächst geht es dabei um das Herausfiltern des Ortes bzw. Raumes, in dem die Geschichten spielen und dargeboten werden sollen und in dem das Geschehen, die Aktionen und Handlungen stattfinden. Das Thema der jeweiligen Geschichte gibt hierbei Hilfestellung, da es in enger Korrespondenz zum Ort bzw. Raum steht. Dabei können die Räume nach ihrem ursprünglichen Nutzungs- und Verwendungszweck ausgesucht sein wie z.B. das Badezimmer oder das Pflegebad („Badezimmerspuk"), die Küche („Küchenparty"), der Wohn-Schlafraum oder das Kinderzimmer („Julchen zieht aus"), die Werkstatt oder der Hobbyraum („Das Traumpaar aus der Werkzeugkiste") etc. Durch ihre Einrichtung, Ausstattung und die zugehörigen Gebrauchsgegenstände und Materialien bieten sie schon in sich die natürliche Kulisse mit den notwendigen Requisiten und sind darüber hinaus atmosphärisch geprägt durch ihre speziellen Gerüche, Düfte, Geräusche, Klänge, Farben und Lichter. Orte und Räumlichkeiten können aber auch thematisch passend zu den Geschichten möglichst realistisch nachgestellt und gestaltet werden. So kann beispielsweise die Gemüsetheke aus der Geschichte „Tango im Salat" auf einem Präsentationstisch oder dem Küchentisch entstehen, ausgestattet mit dem dort angegebenen Gemüse und weiteren Requisiten wie beispielsweise Gemüsekisten, Körbe, Lichtquellen und Tücher (um Besonderes in Szene zu setzen). Letztendlich sollte der Raum mit den aufeinander abgestimmten Kulissen, Requisiten und Materialien ein harmonisches, stimmiges Gesamtbild abgeben und so zu einer Erlebniswelt für die Schüler:innen werden. Ganzheitlich emotional und auf allen Sinnesebenen angesprochen, werden sie auf die jeweilige Geschichte eingestimmt und können sozusagen in diese „eintauchen". Dabei bleibt es aber auch hier immer notwendig, die Auswahl und Anzahl der Requisiten von den individuellen Voraussetzungen der einzelnen Schüler:innen bzw. der Lerngruppe und den aufgestellten Zielsetzungen abhängig zu machen.

Die Hauptaufgabe des Erzählers besteht darin, die Geschichten zum Leben zu erwecken, was erheblich mehr bedeutet als das bloße Vorlesen. Eine Geschichte zum Leben zu erwecken beinhaltet, dass sich der Erzähler gründlich mit der Thematik der Geschichte und ihrer Zielsetzung auseinandersetzt, sich mit den angesprochenen Charakteren, Stimmungen und Gefühlen vertraut macht und so die inhaltliche, sachliche und emotionale Ebene in Zusammenhang und Einklang bringt. Er stellt die Geschichte nicht nur vor, sondern dringt in sie ein, schlüpft in verschiedene Rollen, wird zum Schauspieler und Akteur und agiert mit entsprechender Mimik, Gestik und Stimme. Dabei sind Mittel des Theaterspiels wie z. B. „große Gesten" und „Übertreibungen" durchaus angebracht. Der Erzähler bleibt also nicht vorlesend am Rand der Geschichte stehen, vielmehr wird er Teil der Geschichte, Mitspieler und Partner. Eine derart lebendig erzählte und gespielte Geschichte lässt Schüler:innen mit intensivem Förderbedarf aufmerksam werden, weckt Neugier, Freude und Bereitschaft, der Geschichte zu folgen.

3 Zielgruppe und Einsatzmöglichkeiten

Die Erkundungsgeschichten sind zunächst für Schüler:innen mit intensivem Förderbedarf an einer Förderschule mit dem Förderschwerpunkt „Geistige Entwicklung" entstanden und in diesem Bereich für alle Altersgruppen je nach Entwicklungsstand und Zielsetzung einsetzbar bzw. anpassbar. Darüber hinaus eignen sie sich für Lern- und Spielgruppen in Frühförderstellen, familienunterstützenden Diensten, Kindergärten und Grundschulen. In allen genannten Umfeldern können sie in einer 1:1-Situation erfahrbar gemacht werden, aber auch als Gemeinschaftsaktion in der Gruppe oder der Gesamtklasse durchgeführt werden (besonders gut auch in inklusiv geführten Lerngruppen und Schulklassen). Weiter eignen sich die Erkundungsgeschichten z. B. für thematisch ausgerichtete Schulfahrten, Erlebnistage und Ferienfreizeiten und können hier auch als Projekt über mehrere Tage stattfinden. Wie eingangs schon erwähnt, können die Erkundungsgeschichten im familiären Umfeld erlebbar gemacht werden und verstehen sich als Lern- und Förderangebot nicht nur in Pandemiezeiten mit Distanzunterricht.

4 Erkundungsgeschichten

Bei den verschiedenen Erkundungsgeschichten geht es um lustige, spannende und aktive Abenteuer und Begegnungen mit unterschiedlichen Alltagsmaterialien, die sich in der direkten Umwelt der Schüler:innen befinden. Zu jeder Geschichte gibt es eine kurze Inhaltsangabe, unterschiedliche Zielformulierungen, eine detaillierte Materialliste sowie weiterführende Ergänzungen.

Die Erkundungsgeschichten bieten den Schüler:innen die Möglichkeit sich mit der dinglichen Umwelt auseinander zu setzen. Kleinkinder erobern ihre Welt, indem sie sich eigenständig Material holen und es auf unterschiedliche Art und Weise erforschen, um dann die gemachten Erfahrungen einzuordnen. Viele Schüler:innen mit Förderbedarf haben nicht die Möglichkeit gehabt Material zu erforschen, erfahren und kennen zu lernen. Im Alltag haben sie aber Begegnungen mit Materialien, die ihnen nicht vertraut sind und vielleicht auch Angst auslösen. Die Geschichten sollen die Schüler:innen motivieren das Material zu erkunden, und den Forscherdrang wecken.

In einem geschützten Rahmen können sich die Schüler:innen mit unbekannten Alltagsmaterialien vertraut machen und sich auf einer basalen handelnden Ebene mit den Materialien auseinander setzen. Die Erfahrung hat gezeigt, dass die Schüler:innen sehr konzentriert und mit viel Ausdauer erforscht haben und die ihnen angebotenen Materialien gut angenommen haben. Zudem zeigten sie sichtlich viel Freude am Erkunden, Experimentieren und Begreifen.

Das geheimnisvolle Schloss

Es klingelt an der Haustür.

Klingelgeräusch nachmachen

Sofie geht zur Tür und findet auf der Fußmatte einen alten Schlüsselbund mit vielen Schlüsseln.

Schüler:innen einen Schlüsselbund anbieten und ertasten lassen

Sofie schaut sich um. Von weitem sieht sie, wie sich eine dunkle Gestalt schnell vom Haus entfernt. Sofie nimmt den Schlüsselbund an sich und findet darunter noch einen Zettel.

Schüler:innen einen Zettel, ein Blatt Papier in die Hand legen

Auf dem Zettel stehen die zwei Worte „HUKO JAKO“. Zauberworte?

Sofie überlegt kurz. Dann geht sie zum alten Schloss, das sich ganz in ihrer Nähe befindet.

Laufen auf der Stelle nachmachen oder mit den Händen leicht auf die Brust der Schüler:innen klopfen

Sie hofft, hier im Schloss die passenden Türen zu den Schlüsseln zu finden.

Sofie nimmt den ersten Schlüssel, steckt ihn ins Türschloss und dreht den Schlüssel herum. Es passiert nichts, die Tür geht nicht auf.

Dann spricht sie ganz laut die Worte vom Zettel: „HUKO JAKO.“

Und höre, die Tür geht tatsächlich auf!

Schlüsselbund schütteln, Quietschgeräusche einer sich öffnenden Tür nachmachen

Sofie macht die Tür ganz auf und tritt in das Zimmer ein. Es ist das Glaszimmer des Schlosses.

Unterschiedliche Trinkgläser bereitstellen und zum Betasten und Anschauen anbieten

Sofie betrachtet erstaunt die unterschiedlichen Gläser, und plötzlich ertönt wie von Geisterhand Musik aus den Gläsern. Höre mal genau hin.

Mit einem nassen Finger über den Rand der Gläser streichen, um Töne zu erzeugen

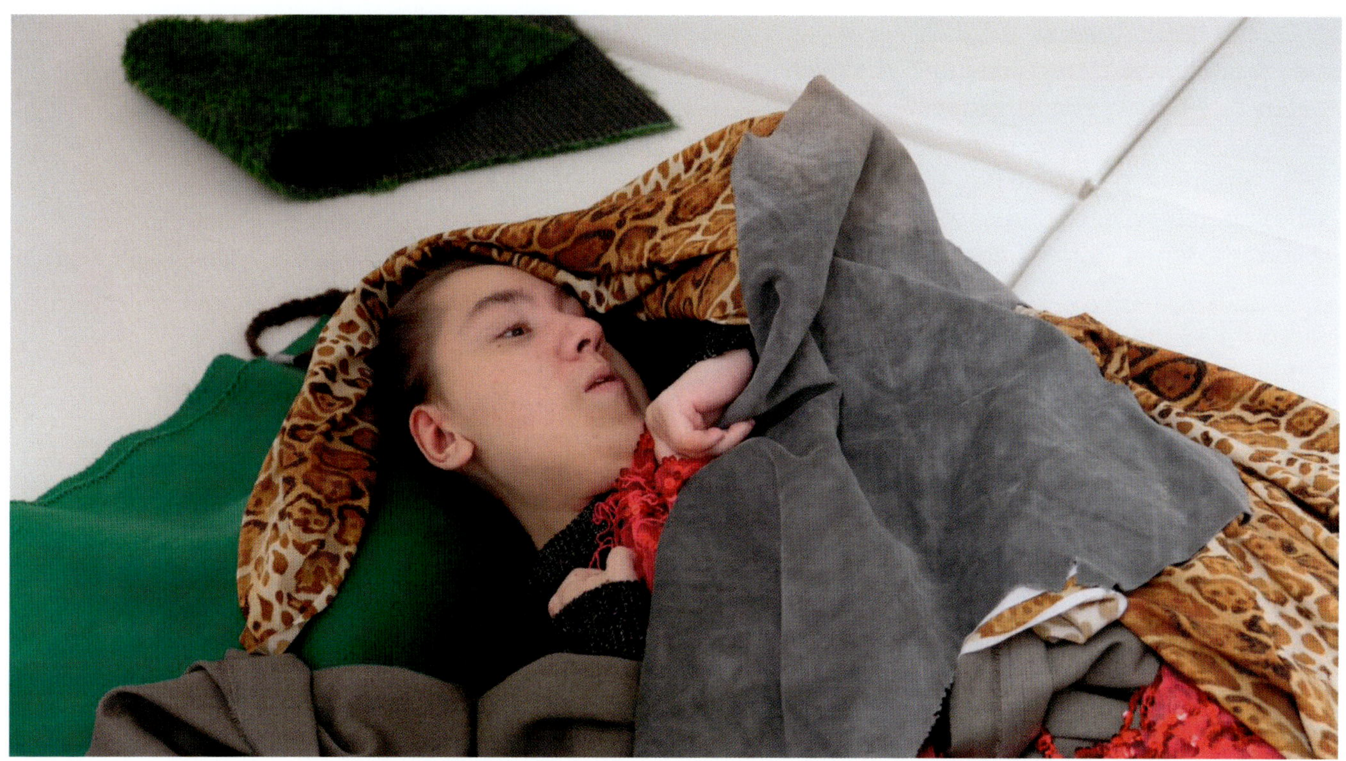

Sofie schließt die Tür vom Glaszimmer zu und geht weiter. Sie sucht den nächsten Schlüssel.

Schüler:innen den Schlüsselbund erneut zum Hantieren geben und fragen, ob es noch einen anderen Schlüssel zu entdecken gibt. Evtl. Hilfestellung geben

Sofie geht zu einer anderen Tür im Schloss. Sie steckt den Schlüssel hinein und spricht das Zauberwort: „HUKO JAKO."

Schlüsselbund schütteln, Quietschgeräusche einer sich öffnenden Tür nachmachen

Die Tür öffnet sich. Sofie geht vorsichtig in das Zimmer, es ist das Stoffzimmer. Hier gibt es nur Stoffe, weiche Stoffe, harte Stoffe, lange Stoffe, Glitzerstoffe, kleine Stoffstückchen.

Schüler:innen unterschiedliche Stoffe anbieten (Stoffreste, Handtücher, Schals, Gardinen) und die unterschiedlichen Materialien ertasten lassen

Sofie befühlt die Stoffe, riecht an ihnen und deckt sich schließlich mit den unterschiedlichen Stoffen zu. Probiere es auch einmal!

Schüler:innen nach dem Befühlen und Beschnuppern nach und nach mit den verschiedenen Stoffen bedecken

Sofie schließt nun auch diese Tür wieder zu und geht zur nächsten Tür weiter. Welchen Schlüssel soll sie nehmen?

Schüler:innen erneut den Schlüsselbund zum Hantieren anbieten

Sofie steckt den ausgesuchten Schlüssel ins Türschloss und spricht den Zauberspruch: „HUKO JAKO."

Wieder öffnet sich die Tür, und Sofie tritt vorsichtig in das Zimmer ein. Es ist das Flaschenzimmer. Hier gibt es nur Flaschen, Glasflaschen, Plastikflaschen, leere Flaschen, volle Flaschen, leichte und schwere Flaschen.

Sofie entdeckt die verschiedenen Flaschen und probiert sie zu tragen.

Schüler:innen die unterschiedlichen Flaschen anbieten

Nun hat Sofie keinen Schlüssel mehr, alle Schlüssel hat sie ausprobiert.

Schlüsselbund in die Hand der Schüler:innen zum Hantieren legen

Sie schließt die Haustür vom Schloss zu und geht zurück nach Hause. Morgen will sie noch einmal zum Schloss gehen. Zuhause legt Sofie den Schlüssel an einen geheimen Ort, den nur sie kennt und du auch? Wo ist denn dein geheimer Ort für den Schlüssel?

Vielleicht begleitest du Sofie ja morgen noch einmal zum Schloss und ihr entdeckt gemeinsam doch noch ein besonderes Zimmer?

Ergänzungen

Inhalt

Sofie erhält auf wunderbarerweise einen Schlüsselbund und einen Zettel auf dem ein Zauberwort steht.

Sofie überlegt, wozu der Schlüsselbund gehören kann, und beschließt zum Schloss zu gehen. Sofie möchte versuchen die Türen des Schlosses zu öffnen. Mit Hilfe des Zauberwortes und dem Schlüsselbund öffnen sich unterschiedliche Türen. Sie betritt die verschiedensten Themenzimmer und probiert so einiges im Glaszimmer, Stoffzimmer und Flaschenzimmer aus.

Zur Darstellung der einzelnen Themenzimmer könnte in jeder Ecke des Raumes ein Zimmer entstehen, in dem das Material zum Ausprobieren und Experimentieren einlädt. Fehlen den Schüler:innen die Ideen, können die folgenden Impulse gesetzt werden.

Glaszimmer
- Wasser in die Gläser gießen
- Gläser nach Form oder Größe sortieren

Stoffzimmer
- mit den Stoffen einwickeln, zum Beispiel Körperteile

Flaschenzimmer
- Flaschen tragen mit unterschiedlichen Merkmalen (leichte und schwere Flaschen, volle und leere Flaschen)
- Flaschen drehen

Ziele

In der Auseinandersetzung mit den Alltagsmaterialien Gläser, Flaschen und Stoffe ist der Schwerpunkt dieser Geschichte zu sehen. Die unterschiedlichen Wahrnehmungsimpulse sollen erspürt und eingeordnet werden.

Material

- Klingel
- Schlüsselbund mit vielen Schlüsseln, auch falls vorhanden alte große Schlüssel
- Zettel mit dem Zauberwort „HUKO JAKO"
- Unterschiedliche Gläser (Trinkgläser, Wassergläser, Biergläser, Sektgläser, Weingläser, Schnapsgläser, Likörgläser u. a.)
- Unterschiedliche Stoffe (Stoffreste, Handtuch, Spültuch, Trockentuch, Schals, lange Stoffe, weiche Stoffe, Glitzerstoffe u. a.)
- Unterschiedliche Flaschen (Glasflaschen in unterschiedlichen Ausführungen, Plastikflaschen in unterschiedlichen Ausführungen, leere Flaschen, volle Flaschen, halbvolle Flaschen u. a.)
- Wasser (zum Befüllen der Flaschen)

Weiterführende Ideen

Mit den Schüler:innen gemeinsam ein weiteres Themenzimmer in einer Ecke einbauen oder eine Ecke des Raumes erstmal frei lassen und die Schüler:innen entscheiden lassen, was in der nächsten Stunde dort zu finden sein soll.

Zum Abschluss können die Schüler:innen sich ihr Lieblingsthemenzimmer aussuchen und dort noch weiter experimentieren. Die Ideen von den Schüler:innen werden anschließend vorgestellt.

Ebenfalls bietet es sich an, mit den Gläsern, Stoffen und Flaschen Geräusche entstehen zu lassen.

Der Schatz der Zarenfamilie

Vor langer Zeit lebte in Russland die berühmte Zarenfamilie Romanow. Zu der Familie gehörten der Zar Nikolaus II., seine Frau Alexandra und die Kinder Alexei, Anastasia, Olga, Tatjana und Maria.

Es ist das Jahr 1918 in Russland. Ein eisig kalter Winter liegt über ganz Russland, aber auch viele Unruhen beherrschen das Land. Viele unterschiedliche Gruppen wollen über Russland und die Menschen bestimmen.

In diesem Jahr, mit dem kalten Winter, wird die gesamte Zarenfamilie bei einem riesigen Tumult erschossen. Der Zar, seine Frau und alle Kinder sind tot. Vorher hatten sie noch ihre riesigen Schätze an Schmuck, Gold und Edelsteinen in Sicherheit gebracht und gut versteckt.

Im Lauf der Zeit machen sich immer wieder junge, mutige und starke Menschen auf den Weg, diesen Schatz zu finden.

So geschieht es auch heute. Mutige Freunde, die vor keinem Abenteuer zurückschrecken, begeben sich auf die Schatzsuche.

Diese Freunde sind …

(Vorstellung der beteiligten Schüler:innen)

Da draußen eisige Kälte herrscht, ziehen sich die Freunde warm an und steigen in eine Schlittenkutsche, die mit Fell dick ausgepolstert ist. Zur Sicherheit legen sie sich noch warme Decken um.

Decken, Felle, Mützen, Handschuhe und Winterjacken den Schüler:innen anbieten und anziehen lassen

Nun kann es losgehen. Der Kutscher schwingt die Peitsche und die Pferde traben durch den tiefen Schnee.

Den Schüler:innen die Peitsche des Kutschers anbieten und experimentieren lassen

Beim Verlassen von Petersburg hören sie noch lange, aber immer leiser, die Musik aus der Stadt.

Russische Musik einspielen

Und als sie weit genug fort sind, hören sie das Geheul der Wölfe.

Wolfsgeräusche machen, Schüler:innen einbeziehen

Unermüdlich fahren sie weiter. Der Kutscher treibt die Pferde an, noch schneller zu laufen und ruft immer wieder laut: „Hüh-hott, lauft meine Pferde, lauft!"

Ein Schneesturm kommt auf, kalte Schneeflocken legen sich auf die Gesichter der Freunde, und es wird immer kälter.

Schüler:innen Kunstschnee anbieten und über den Kopf rieseln lassen

Plötzlich kommt eine scharfe Kurve, die der Kutscher vor lauter Schneegestöber übersehen hat. Die Schlittenkutsche kippt um, keiner der Freunde kann sich mehr halten. Sie fallen in den kalten Schnee, der die Körper fast erfrieren lässt.

Da hilft nur eins. Die Freunde müssen sich bewegen und sich gegenseitig wärmen. Sie reiben sich die Arme und Beine, um so die Kälte daraus zu vertreiben.

Über Arme und Beine reiben

Der Kutscher hat in der Zwischenzeit ein Lagerfeuer gemacht. Die Freunde setzen sich um das Feuer und ihnen wird langsam wieder warm.

Schüler:innen sitzen am Feuer und wärmen sich auf, erwärmte Körnersäckchen anbieten

Gegen den Hunger verteilt der Kutscher einen russischen Eintopf (Stroganoff). Die Freunde riechen zunächst daran und probieren den Eintopf dann vorsichtig.

Russisches Essen anbieten

Dann geht die Fahrt weiter zum Eiswald, denn mitten im Eiswald soll ein See liegen. Die Freunde hoffen, dort den Schatz zu finden.

Im Eiswald fallen Eisflocken von den Bäumen und manchmal haben die Freunde das Gefühl, eine unheimliche Eishand berührt sie.

Gefrorenes Eis mit einer Raspel über Gesicht, Hände und Haare der Schüler:innen streuen

Einige Menschen erzählen, es spukt im Eiswald, die Nebelfee soll hier wohnen. Die Freunde sind ganz leise, und tatsächlich können sie die Nebelfee raunen hören:

Nebelfee fliegt leicht über die Gesichter der Schüler:innen, mit verstellter Stimme den Satz der Nebelfrau vortragen

„Ein Löffel kalt, zwei Tassen weiß, dazu noch Berge von Eis. Es brodelt im Topf und der gefährliche Nebel zieht in den Wald."

Und schon ist er da, der Nebel, der in ganz Russland so gefürchtet ist. Die Freunde sind nun ganz still.

Ggf. Nebelmusik einspielen

Der Kutscher sieht bei dem Nebel gar nichts mehr. Er lauscht und versucht, den Weg zu erhören.

Eisiger Nebel setzt sich auf die Haare der Freunde. Dann endlich haben sie es geschafft, sie sind am See angekommen.

Der See ist zugefroren, eine dicke Eisschicht liegt auf ihm. Die Eisschicht ist so dick, dass die Freunde diese nicht zerstören können. So kommen sie nie an den Schatz.

Zugefrorenen See durch Abdeckfolie bzw. Malerfolie und darunter mit einer Lichterkette auslegen

Da holt der Kutscher drei Nüsse aus seiner Jackentasche. „Die Nüsse haben Zauberkraft, glaubt es mir. Ich habe sie vor langer Zeit von meinem Großvater Iwan bekommen."

Zaubernüsse anbieten und ertasten lassen

Die Freunde legen die Nüsse auf die dicke Eisschicht des Sees. Die Nüsse verändern ihre Farbe, sie werden ganz warm und heiß, und sie beginnen zu leuchten.

Schließlich bringen die Nüsse das Eis zum Schmelzen. Und dann sehen die Freunde in der Tiefe des Sees etwas glitzern. Es ist der Schatz der Zarenfamilie Romanow.

Gemeinsam holen sie den Schatz heraus und machen sich schnell auf den Heimweg.

Den Schatz mit den unterschiedlichen Schmuckstücken den Schüler:innen anbieten und aus der Schatzkiste herausholen lassen

Unterwegs fühlen die Freunde etwas in ihrer Jackentasche, eine Nuss. Auf wunderbare Weise sind die Nüsse in die Jackentasche der Freunde gekommen.

Heimlich die Zaubernüsse in eine Jackentasche legen oder so anbieten

Nüsse, die alles zum Schmelzen bringen, das dickste Eis, die Kälte und die Herzen der Menschen.

Ja, und nun denkt daran, wenn ihr Menschen mit einem kalten Herz findet. Legt ihnen die Nuss auf das Herz und ihr werdet sehen, was dann passieren wird.

Aber eigentlich brauchen die Freunde zum Erwärmen der Herzen die Nüsse nicht. Sie bringen jedes noch so kalte Herz mit ihrer einzigartigen, wunderbaren Art zum Schmelzen.

Also können die Freunde die Nüsse an die Menschen verschenken, die sie nötiger brauchen. Sie selbst bringen nun nach der erfolgreichen Schatzsuche jedes Herz von ganz allein zum Schmelzen.

Ergänzungen

Inhalt

Um diese Geschichte mit Schüler:innen zu erleben ist es wichtig den Raum in eine winterliche, russische Landschaft zu verwandeln. Als Materialien zum Dekorieren bieten sich unterschiedliche weiße Stoffe, Lichterketten und Lichterschläuche, Watteböllchen, Watte, Schneekugeln, Kunstschnee und Folie an.

Die Zarenfamilie ist eine Abenteuergeschichte. Die Schüler:innen müssen gemeinsam den Schatz der Zarenfamilie finden, dabei müssen sie einige Hürden auf ihrem Weg überwinden.

Der Kutscher begleitet die Schüler:innen und hilft ihnen in den unterschiedlichen Situationen. Am Ende der Geschichte verteilt der Kutscher Zaubernüsse, um den Schatz im zugefrorenen See bergen zu können.

Ziel

In dieser Geschichte wird der sozial-emotionale Bereich angesprochen, das gemeinsame Erleben der Abenteuergeschichte baut Spannung auf und das gute Ende sorgt für eine Entspannung. Die Schüler:innen erleben zusammen ein Abenteuer und das Gruppengefühl wird mit Freude, Spaß und Spannung gefestigt. Durch die unterschiedlichen Angebote im taktil-haptischen Bereich wird die Greif- und Fühlqualität gefördert. Im Wahrnehmungsbereich werden die Reize „Warm" und „Kalt" intensiv angesprochen.

Material

- Warme Decken
- Felle
- Ggf. Mützen, Handschuhe und Winterjacken
- Peitsche für den Kutscher
- Russische Musik
- Heulende Wölfe (durch entsprechende Audios oder das Heulen selbst erzeugen)
- Schnee (Kunstschnee; in der Weihnachtszeit im Dekorations- oder Bastelladen erhältlich oder alternativ Watteböälle)
- Feuer (Inszenierung mit Holz, Lichterkette, rotes und gelbes Transparentpapier)
- Wärme vom Feuer (unterschiedlich gewärmte Körnerkissen)
- Russischer Eintopf (Supermarkt, alternativ das Gebäck „russisches Brot")
- Eisblöcke (gefrorenes Eis mit einer Raspel über Gesicht, Hände und Haare raspeln)
- Nebel-Fee (aus weißem, leicht wehenden Gardinenstoff eine Figur formen)
- Ggf. Nebelmusik
- Zugefrorener See (Abdeckfolie / Malerfolie und darunter Lichterkette legen)
- Zaubernüsse (Walnüsse goldfarben ansprühen oder Nüsse selbst aus goldener Wolle häkeln)
- Schatzkiste (Holzkiste oder einen Schuhkarton als Holzkiste fertig machen)
- Schatz (unterschiedliche Schmuckstücke)
- Eishand (Einmalhandschuh mit Wasser füllen und in das Eisfach legen)

Weiterführende Ideen

Die Gestaltung des Raumes setzt viel Zeit und Vorbereitung voraus und es bietet sich an, einen Raum für mehrere Tage zu dekorieren und die Abenteuergeschichte als Projekt über mehrere Tage fortzuführen. Die Geschichte muss nicht an einem Stück erlebt werden, sondern kann geteilt angeboten werden. Wichtig ist nur, dass die Geschichte immer von Beginn an erzählt wird, vertraute Abschnitte müssen dann nicht mehr so intensiv erlebbar gemacht werden.

Die Abenteuergeschichte kann als Theaterprojekt aufgeführt werden und die Zuschauer erfahren selbst, wie ein Theater mit Schüler:innen mit intensivem Förderbedarf erlebbar gemacht wird.

Chaos in der Verkleidungskiste

Karin holt die Verkleidungskiste vom Dachboden und stellt sie im Wohnzimmer auf den Tisch.

Verkleidungskiste auf einen Tisch stellen

„Karin, was willst du denn damit?“, fragt die Mutter, „wir brauchen die Verkleidungskiste jetzt nicht, es ist doch noch gar kein Karneval.“

„Ich weiß“, sagt Karin, „aber wir machen die Verkleidungskiste trotzdem heute schon mal auf. Ich möchte einfach alles durcheinander wirbeln und ganz viele verschiedene Kostüme zusammenstellen.“

Vorsichtig öffnet Karin den Deckel der Verkleidungskiste, sieht die Kostüme und hört, wie sie leise und verschlafen zu sprechen beginnen:

Mit verstellter Stimme den Text sprechen und Gähngeräusche machen, dabei die Schüler:innen miteinbeziehen

„Karin, was willst du? Es ist doch noch gar nicht Karneval, lass uns doch einfach liegen und weiterschlafen.“ Das Löwenkostüm, das vor lauter Schreck richtig wach geworden ist, brüllt: „Wir kommen erst dann aus der Verkleidungskiste, wenn die Karnevalszeit begonnen hat!“ „Nein“, ruft Karin, „wir machen jetzt alles durcheinander, da ist nichts mit schlafen, heute will ich kunterbunte Durcheinander-Kostüme machen.“

Karin nimmt die roten Haare vom Pippi-Langstrumpf-Kostüm und legt sie zum Tanzmariechen-Kostüm. „So“, sagt Karin, „jetzt seid ihr beide ein Paar.“

Die Kostümkombination den Schüler:innen anbieten und Zeit zum Erkunden geben

Mit verstellter Stimme folgenden Text sprechen

„Was?“, kreischen die roten Haare vom Pippi-Langstrumpf-Kostüm, „ich soll mit dem Tanzmariechen-Kostüm ein Paar sein? Das passt doch überhaupt nicht. Rote Haare sind wild und frech und das Tanzmariechen-Kostüm ist brav und nett, das geht nicht!“

„Ok“, sagt Karin und stöbert weiter in der Verkleidungskiste. „Dann nehme ich die Perücke mit den langen schwarzen Haaren vom Indianerkostüm ‚Goldene Feder‘ und packe sie zum Rotkäppchen-Kostüm.“

Die Kostümkombination den Schüler:innen anbieten

Mit verstellter Stimme folgenden Text sprechen

„Nein, nein", ruft entsetzt das Rotkäppchen-Kostüm, „die rote Kappe ist mein Erkennungszeichen. Wenn du die langen Indianerhaare darauflegst, weiß doch keiner, wer ich bin." „Auf gar keinen Fall", ruft auch das Indianerkostüm „Goldene Feder", „die langen schwarzen Haare gehören zu mir."

Karin ist schon fast verzweifelt, mit so viel Widerstand hat sie nicht gerechnet.

„Gut", sagt Karin, „dann nehme ich eben das Löwenkostüm und die rote Clownsnase. Die beiden gehören ab jetzt zusammen!"

Die Kostümkombination den Schüler:innen anbieten

Mit verstellter Stimme folgenden Text sprechen

„Niemals wirst du das machen", brüllt laut das Löwenkostüm. „Ich bin wild und gefährlich und mit der großen roten Clownsnase machst du mich überall nur lächerlich, keiner nimmt mich ernst."

„Oh Mann, das ist richtig blöd und langweilig von euch", schreit Karin.

Mit verstellter Stimme folgenden Text sprechen

„Ich weiß was, ich weiß was", piepst da auf einmal das Mäusekostüm. „Meine Mausohren könntest du gut zum Prinzessinnenkostüm packen."
„Das ist ja mal wieder typisch von dir", sagt mit weinerlicher Stimme das Prinzessinnenkostüm. „Du willst nur, dass ich nicht mehr die schönste in der Verkleidungskiste bin. Eine Prinzessin mit Mausohren, stellt euch das mal vor, das ist doch unmöglich, das geht doch auf gar keinen Fall."

Die Kostümkombination den Schüler:innen anbieten

Mit verstellter Stimme folgenden Text sprechen

„Das ist der Brüller!", kreischen die roten Haare vom Pippi-Langstrumpf-Kostüm.

Karin schaut sich nochmals in der Verkleidungskiste um.

Die Kostümkombination den Schüler:innen anbieten

Mit verstellter Stimme folgenden Text sprechen

„Dann nimm doch den Hexenhut und den Zauberstab und pack alles zum Feenkostüm", schlägt die rote Clownsnase vor.

Mit verstellter Stimme folgenden Text sprechen

„Was soll das?", krächzt das Hexenkostüm, „wie blöd ist das denn? Ich verzaubere die Menschen in Steine oder lass Regenwürmer vom Himmel fallen. Soll ich dabei den zarten zerbrechlichen Elfenstab nehmen? Da mache ich mich lächerlich. Ich will den Menschen doch Angst machen, so geht das nicht." „Und ich?", wispert das Feenkostüm, „ich werde doch von dem großen schweren Hexenhut erdrückt."

„Na gut", sagt Karin, „aber eine lustige Vorstellung ist das schon, das müsst ihr zugeben." Doch das Gemurre und Gezeter der Kostüme will nicht aufhören, und so gibt Karin schließlich auf und schließt die Verkleidungskiste.

Und was ist mit euch? Habt ihr Lust, es einmal selber auszuprobieren? Mischt die Karnevalskostüme untereinander und schaut was passiert.

Ergänzungen

Inhalt

In dieser Geschichte geht es um das Thema Karneval und Karnevalskostüme. Karin stellt unterschiedliche Karnevalskostüme zusammen, wie beispielsweise ein Löwenkostüm mit der roten Clownsnase. Karin mischt die Karnevalskostüme untereinander und erntet dafür von den Kostümen Widerspruch. Am Ende entstehen lustige Kostümkombinationen, die auf den ersten Blick nicht zusammenpassen.

Der Raum kann mit Karnevalsartikeln dekoriert werden, um so auf das Thema Verkleiden und Karneval einzustimmen. Bunte Luftballons, Konfetti und Luftschlangen eignen sich dafür sehr gut.

Ziele

Das Erkunden der unterschiedlichen Karnevalskostüme steht im Fokus. Die verschiedenen Requisiten, die zu einem Kostüm gehören, können mit allen Sinnen wahrgenommen werden. Zudem können die Schüler:innen kreativ werden bei der Zusammenstellung und Kombination von Karnevalskostümen.

Material

- Verkleidungskiste (alter Koffer)
- Kostüm „Pippi Langstrumpf" mit passender Perücke
- Kostüm Tanzmariechen
- Kostüm Indianer mit Perücke (lange schwarze Haare)
- Kostüm Rotkäppchen
- Kostüm Löwe
- Rote Clownsnase
- Kostüm Maus mit Mausohren
- Kostüm Prinzessin
- Hexenhut
- Zauberstab
- Kostüm Fee

Es können aber auch andere Kostüme verwendet oder einige Requisiten selbst hergestellt werden.

Weiterführende Ideen

Die Geschichte kann auch als Karnevalsmotto in den unterschiedlichen Einrichtungen eingesetzt werden. So könnte sie als Einstieg in die Thematik „Wir kreieren selbst lustige Kostüme" verstanden werden.

Die Schüler:innen könnten die verschiedenen Kombinationen der einzelnen Karnevalskostüme anziehen und es könnten Fotos gemacht werden, die später zu einer bunten Collage zusammengestellt werden.

Zum Einstieg und Abschluss der Geschichte würde es sich anbieten eine bekannte Karnevalsmusik anzuspielen.

Das schwarze Schaf bei den Kichererbsen

An dem Tag, als Stina mal wieder Experimente machen will und die ganze Küche der Mama dabei auf den Kopf stellt, holt Stina aus dem Vorratsschrank eine Tüte mit weißen Kichererbsen. Sie macht die Tüte auf, und plötzlich springt eine rote Kichererbse Stina direkt in die Hand.

Tüte mit den Kichererbsen den Schüler:innen anbieten, langsam öffnen und eine rote Kichererbse den Schüler:innen in die Hand legen

Stina schaut die rote Kichererbse lange an, und dann fängt die Kichererbse an zu reden: „Du musst mir helfen. Die anderen Kichererbsen sagen mir, ich gehöre nicht in die Tüte der Kichererbsen, da ich rot bin und nicht mehr kichern kann. Ich habe nämlich mein Kichern verloren. Du musst mir helfen mein Kichern wiederzufinden."

„Okay, wie machen wir das denn?", überlegt Stina. „Ich weiß es jetzt. Wir gehen zuerst mal zu den roten Linsen, vielleicht haben sie dein Kichern."

Stina holt die Tüte mit den roten Linsen aus dem Vorratsschrank. Sie nimmt einige rote Linsen aus der Verpackung heraus, findet aber das Kichern nicht. Jede rote Linse nimmt sie in die Hand und untersucht sie, aber kein Kichern ist zu finden. Auch als sie alle roten Linsen in eine Schüssel gibt und umrührt, ist das Kichern nicht aufzuspüren.

Rote Linsen den Schüler:innen anbieten, Linsen in eine Schüssel geben, einige Linsen in die Hand rieseln lassen

„Oh nein, dann müssen wir zu den dicken Bohnen, vielleicht ist das Kichern ja da", sagt die rote Kichererbse.

Stina holt aus dem Vorratsschrank der Mama die dicken Bohnen. Überall sucht Stina das Kichern zwischen den Bohnen. Die Bohnen fragen: „Was machst du bei uns?" „Wir suchen das Kichern der roten Kichererbse", sagt Stina. „Es ist verschwunden und die rote Kichererbse ist schon ganz traurig." „Bei uns gibt es kein Kichern, bei uns gibt es nur diese dunklen, knatternden Töne. Jedes Böhnchen gibt ein Tönchen ...", brummeln die Bohnen im Chor.

Dicke Bohnen den Schüler:innen anbieten, Bohnen in eine Schüssel geben, einige Bohnen in die Hand rieseln lassen

Stina überlegt weiter, während die rote Kichererbse immer trauriger wird. Nun holt Stina aus dem Vorratsschrank der Mama die langen Spaghetti. Alle Spaghetti legt sie auf den Küchentisch.

„Was macht ihr da?“, rufen die Spaghetti durcheinander. Stina antwortet: „Ich helfe der roten Kichererbse. Sie sucht ihr Kichern, damit sie auch als rote Kichererbse bei den weißen Kichererbsen sein kann.“

Spaghetti den Schüler:innen anbieten, Spaghetti in eine Schüssel geben, einige Spaghetti in die Hände der Schüler:innen legen

„Ja, aber bei uns dünnen Dingern kann sich das Kichern nicht verstecken, versuche es doch mal bei den Spiralnudeln.“

Stina geht wieder in den Vorratsraum der Mama und holt eine Tüte mit Spiralnudeln heraus. Sie schüttet alle Spiralnudeln in eine große Schüssel, jede einzelne Nudel untersucht Stina.

Spiralnudeln den Schüler:innen anbieten, Spiralnudeln in eine Schüssel geben, die Schüler:innen auffordern die Spiralnudeln zu untersuchen und das Kichern zu finden

Bei der Spiralnudel Thea hört sie tatsächlich ein Kichern. Thea ist schon verzweifelt und sagt: „Ich weiß nicht, wie dieses fürchterliche Kichern zu mir gekommen ist, es ist schon den ganzen Tag da und kichert und kichert. Das ist mir einfach nur peinlich, und es ist völlig unpassend. Das Kichern geht einfach nicht weg." „Doch", sagt Stina, „warte mal."

Und zur roten Kichererbse sagt sie: „Hier in dieser Spiralnudel ist dein Kichern. Hol es mal heraus." „Aber wie denn? Es steckt doch fest", antwortet die rote Kichererbse. „Du musst es herauspusten und dann ganz schnell einfangen", ermutigt Stina die rote Kichererbse.

Aber die rote Kichererbse zögert weiter und schaut ganz ängstlich. „Okay, ich helfe dir", sagt Stina. „Bei 3 pusten wir das Kichern zusammen aus der Spiralnudel, ganz lange. 1, 2, 3, los geht es!"

Gemeinsam zählen und dann mit den Schüler:innen das Kichern herauspusten, jede:r Schüler:in erhält eine Spiralnudel und pustet die Spiralnudel an

Und beim Pusten erscheint nicht nur das Kichern, sondern alle Spaghetti, die noch auf dem Tisch liegen, fallen auf den Boden.

„Ich habe es wieder, ich habe es wieder", freut sich die rote Kichererbse. „Ich habe mein Kichern wieder!" Und dann hopst die rote Kichererbse froh und munter wieder zu den weißen Kichererbsen in die Tüte.

In diesem Moment kommt die Mutter von Stina in die Küche und fragt: „Stina, was hast du denn gemacht? Alle Linsen, Bohnen und Spiralnudeln liegen verstreut auf dem Tisch, so ein großes Durcheinander. Und die Spaghetti auf dem Boden, oh je."

Kichererbsen, Linsen, Bohnen, Spaghetti und die Spiralnudeln auf einem Tablet oder auf einem Tisch den Schüler:innen anbieten

Stina schaut sich um. Wo ist die rote Kichererbse geblieben? Sie ist nicht mehr zu sehen. Stina sagt, was sie immer an dieser Stelle sagt: „Ich war das nicht. Das war meine Zwillingsschwester Teresa."

Ergänzungen

Inhalt

In dieser Geschichte geht es um eine rote Kichererbse, die bei den weißen Kichererbsen in der Tüte ist und ihr Kichern verloren hat. Stina, die gerade in der Küche der Mutter Experimente machen will, hilft der roten Kichererbse das Kichern zu finden. Gemeinsam suchen sie das Kichern bei unterschiedlichen haltbaren Lebensmitteln. Dabei entsteht ein großes Durcheinander.

Auf einem Tisch sollten die unterschiedlichen Tüten der haltbaren Lebensmittel, die in der Geschichte vorkommen, wie in einem Vorratsraum aufgebaut werden.

Ziele

Haptische Erfahrungen im Umgang mit Nudeln, Bohnen, Linsen und Erbsen machen. Die Unterschiede der einzelnen Nudeln, Bohnen und Erbsensorten erspüren und erleben.

Im Bereich Sprache geht es um die Aktivierung und Erweiterung des Wortschatzes.

Material

- Weiße Kichererbsen
- Rote Kichererbsen
- Rote Linsen
- Dicke Bohnen
- Spaghetti
- Spiralnudeln

Weiterführende Ideen

Aus den verwendeten Materialien kann ein Hand- und/oder Fußbad gemacht werden. Die unterschiedlichen Materialien können einzeln in Schüsseln oder Boxen aufgeteilt werden und in Form einer Taststraße den Schüler:innen angeboten werden. In der letzten Schüssel oder Box in der Taststraße können alle Materialien zusammen angeboten werden. Weiter können aus dem Material auch unterschiedliche Tastbilder hergestellt werden. Ratsam ist es, dass die Schüler:innen das Material auf einem Tablett oder festen Karton anordnen und anschließend alles mit einer Klebepistole aufgeklebt wird.

Das Traumpaar aus der Werkzeugkiste

An dem Abend, als Vater Walter nach getaner Arbeit seine Werkzeugkiste in der Werkstatt abstellt und endlich Feierabend machen will, hört er aus der Werkzeugkiste merkwürdige Geräusche.

Horst, der Hammer in der Werkzeugkiste, brummt laut:

Mit verstellter Stimme den Text vortragen

„Was ist denn das? Du gehörst doch niemals hierher!“ Neugierig geworden, betrachtet Horst Hammer den befremdlichen Gegenstand in der Werkzeugkiste. Es ist Lisa Rosa, der rosafarbene Lippenstift.

„Hallo, ich bin Lisa Rosa Lippenstift, und ich bin schon seit zwei Tagen hier in der unordentlichen und nach Öl riechenden Werkzeugkiste“, sagt sie eingeschüchtert.

Den Schüler:innen einen Hammer und einen Lippenstift anbieten

Da meldet sich Scharon Schraubenzieher zu Wort: „Horst Hammer, ist das wahr? In unserer Werkzeugkiste liegt Lisa Rosa Lippenstift?“ Horst Hammer brummelt: „Das stimmt, Lisa Rosa Lippenstift ist in unserer Werkzeugkiste, ich habe wohl nicht aufgepasst.“ „Oh Mann“, wettert Scharon Schraubenzieher, „das geht auf keinen Fall. Lisa Rosa, du musst hier verschwinden. Geh zurück in deinen Kosmetik-Koffer, da ist Platz für dich!“ „Nein, das kann ich nicht mehr“, ruft weinerlich Lisa Rosa. „Ich weiß ja auch nicht, wie ich hierhergekommen bin oder wer mich hier abgelegt hat. Aber inzwischen ist etwas passiert.“

Den Schüler:innen einen Schraubenzieher anbieten

Jetzt schaltet sich Katie Kneifzange ein: „Was soll denn passiert sein? Eins steht doch wohl fest, du gehörst nicht hierher. Geh zurück zu den anderen, zu deinem Nagellack und zu der Wimperntusche und zu dem Rouge in deinem Kosmetik-Koffer.“

Den Schüler:innen eine Kneifzange anbieten

„Das wollte ich eigentlich auch, aber dann, dann habe ich ihn gesehen und gehört“, versucht Lisa Rosa sich zu verteidigen. „Wen hast du gesehen?“, fragt genervt Susi Säge. „Na Antonio Akkubohrer! Wir haben uns nur angeschaut und da ging es durch den ganzen Körper. Sofort waren wir ineinander verliebt“, antwortet Lisa Rosa.

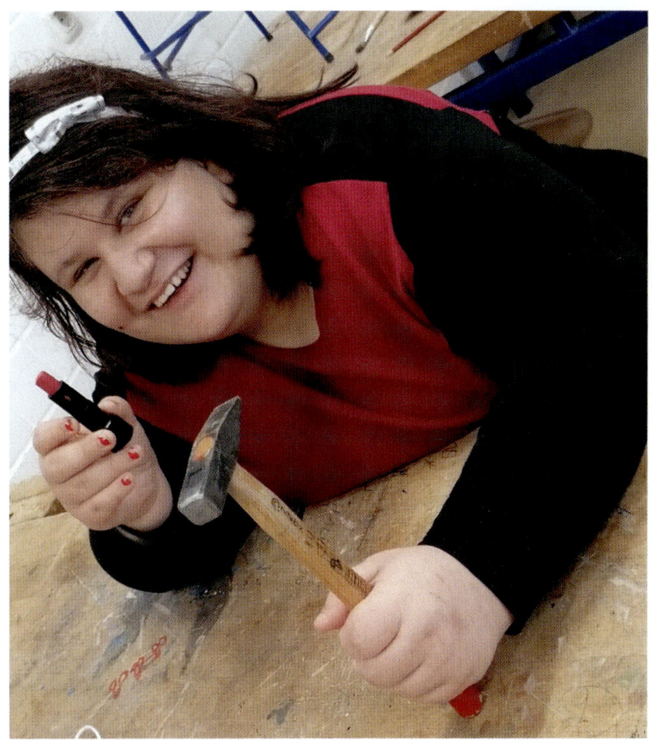

Den Schüler:innen den Lippenstift anbieten

Verlegen kommt Antonio Akkubohrer hinzu: „Ja, Lisa Rosa ist meine große Liebe. Wir wollen für immer zusammenbleiben!“ „Das geht aber nicht“, ruft Katie Kneifzange. „Stell dir mal vor, Vater Walter geht mit der Werkzeugkiste zur Arbeit und der Arbeitskollege Rudi findet Lisa Rosa Lippenstift darin, dann wird Vater Walter aber richtig ausgelacht.“ „Das stimmt“, brummt Horst Hammer. „Also verschwinde, wir wollen dich hier nicht mehr haben.“

Den Schüler:innen einen Akkubohrer anbieten

Mit verzweifelter Stimme den Text vortragen

Lisa Rosa kullern dicke Tränen herunter. „Das darf nicht sein. Ich kann ohne Antonio Akkubohrer nicht mehr leben“, trägt sie weinend vor. „Ohne Antonio hat mein Leben keinen Sinn mehr, ohne seine Umarmungen, seine Küsse, seine Worte will ich nicht mehr leben!“ Auch Antonio Akkubohrer ist den Tränen nahe und bestätigt: „Lisa Rosa ist meine große Liebe, wenn sie geht, ist mein Herz gebrochen und ich kann nicht mehr arbeiten. Lisa Rosa ist der Akku meines Lebens.“

„Ach, so ein Quatsch“, ruft Scharon Schraubenzieher dazwischen. „Reiß dich mal zusammen, Antonio.“ „Was machen wir denn jetzt?“, jammert Susi Säge. „In ein paar Stunden geht Vater Walter wieder zur Arbeit und nimmt die Werkzeugkiste mit.“ „Wir müssen Lisa Rosa rausschmeißen, sie passt hier nicht her“, fordert Horst Hammer energisch.

Den Schüler:innen eine Säge anbieten

Plötzlich geht die Werkzeugkiste auf. Vater Walter schaut hinein und will sich noch einmal vergewissern, ob für morgen auch wirklich alles Werkzeug in der Kiste ist. Die seltsamen Geräusche, die er gehört hat, haben ihn doch ein wenig verunsichert. Ganz in der letzten Ecke der Werkzeugkiste entdeckt Vater Walter Lisa Rosa Lippenstift und sagt: „Nanu, was ist das denn? Da ist ja der Lippenstift von meiner

Frau Ilse. Aber den lass ich mal lieber hier, denn die rosa Farbe steht ihr gar nicht so gut."

Lisa Rosa und Antonio Akkubohrer trauen ihren Ohren nicht. Will Vater Walter Lisa Rosa Lippenstift wirklich in der Werkzeugkiste lassen?

Ja, denn von dem Tag an geht Vater Walter immer mit Lisa Rosa in der Werkzeugkiste zu seiner Arbeit. Auch Rudi, der Arbeitskollege, weiß, dass Vater Walter in seiner Werkzeugkiste einen Lippenstift hat und wundert sich ein bisschen. Kann es sein, dass der Akkubohrer seitdem besonders energiegeladen funktioniert?

Den Schüler:innen den Akkubohrer und den Lippenstift anbieten

Lisa Rosa Lippenstift und Antonio Akkubohrer leben jedenfalls von nun an glücklich und verliebt wie am ersten Tag gemeinsam in der Werkzeugkiste.

Ergänzungen

Inhalt

Als der Vater Walter seine Werkzeugkiste abstellt geht es in der Werkzeugkiste heftig unter dem verschiedenen Werkzeug her. Der Rosa Lippenstift von Mutter Ilse liegt in der Werkzeugkiste, einige Werkzeuge beschweren sich, denn sie wollen, dass der Rosa Lippenstift der Mutter Ilse verschwindet. Aber Lisa Rosa Lippenstift will nicht gehen, sie hat sich in Antonio Akkubohrer verliebt und will mit ihm zusammen in der Werkzeugkiste bleiben. Zum Glück geht am Ende alles gut aus und das Traumpaar darf in der Werkzeugkiste weiterleben.

Die Erkundungsgeschichte kann sehr gut in einem Werkraum angeboten werden, ohne dass der Raum noch weiter vorbereitet werden muss. In der Werkzeugkiste sollten das benötigte Werkzeug und der Rosa Lippenstift bereit liegen.

Ziele

Die Auseinandersetzung mit unterschiedlichen Werkzeugen steht im Vordergrund und es geht darum, auf einer wahrnehmungsorientierten Ebene das Werkzeug kennenzulernen. Das Wahrnehmen der Größe, der Beschaffenheit und das Gewicht der einzelnen Werkzeuge dient dazu, vertraut zu werden mit dem Werkzeug, das ggf. im Werkunterricht eingesetzt wird.

Material

- Werkzeugkiste
- Horst Hammer
- Lisa Rosa Lippenstift
- Scharon Schraubenzieher
- Katie Kneifzange
- Antonio Akkubohrer
- Susi Säge

Weiterführende Ideen

Es können Ausmalbilder von unterschiedlichen Werkzeugen angeboten werden. Ein paar Beispielbilder sind zum Download unter

www.vonloeper.de/000-255/beispielbilder.pdf

zur Verfügung gestellt. Außerdem sollte das Werkzeug, nachdem es den Schüler:innen vertraut ist, sachgerecht eingesetzt werden. Mit dem Hammer Horst hämmern, mit Susi Säge ein Stück Holz absägen, mit Scharon Schraubenzieher eine Schraube in ein weiches Brett drehen, mit Katie Kneifzange einen Nagel aus dem Brett ziehen und mit Antonio Akkubohrer eine Schraube aus einem Brett schrauben.

Mit dem Lippenstift können sich die Schüler:innen schminken, dazu ist es hilfreich einen Handspiegel anzubieten.

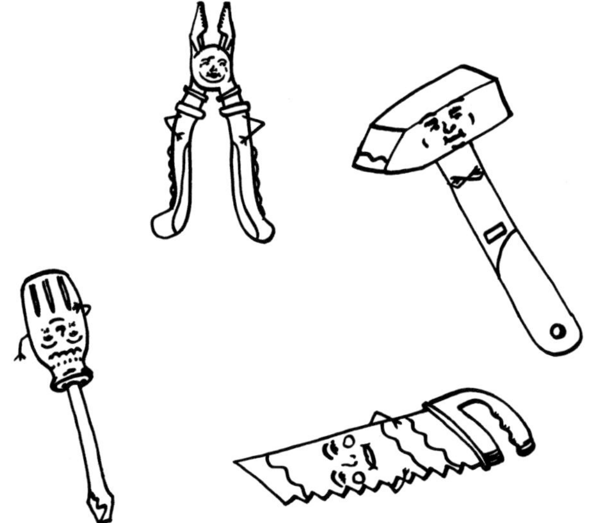

Aufregung im Kosmetikkoffer

Das große Gartenfest von Vater Walter und Mutter Ilse steht kurz bevor. Morgen Abend soll es stattfinden. Alles ist gut vorbereitet und so gehen sie beide früh schlafen, damit sie für das Fest auch richtig fit sind.

Aber nicht alle gehen früh schlafen. Unten im Badezimmer tönen noch Stimmen aus dem Kosmetikkoffer. „Leute, wach werden", ruft Paula Puderpinsel, „wir müssen prüfen, ob wir für morgen alles zusammen haben und ob auch wirklich alles funktioniert, damit Mutter Ilse mit unserer Hilfe richtig schön strahlt bei ihrem Gartenfest."

Den Schüler:innen unterschiedliche Puderpinsel anbieten

„Also bei mir ist alles tipptopp", sagt Klärchen Körperbutter „meine Konsistenz ist super, fühlt mal, alles ist ganz leicht aufzutragen, am ganzen Körper."

Den Schüler:innen Körperbutter anbieten, einige Tropfen in die Hand geben und experimentieren lassen

Wilma Wimperntusche meldet sich zu Wort: „Bei mir ist auch alles super. Ich habe gestern schon die Klumpen an der Bürste entfernt. Schaut, alles startklar, ihr könnt es ja mal ausprobieren!"

Den Schüler:innen Wimperntusche anbieten

„Stopp, stopp, stopp", mischt Frieda Feuchtigkeitscreme, sich ein, „du bist noch gar nicht an der Reihe. Erst komme ich und gebe der Haut die nötige Feuchtigkeit. Probiere es mal, hier kannst du es spüren."

Den Schüler:innen Feuchtigkeitscreme auf Hände und Gesicht geben

„Macht euch mal locker", brummt Paula Puderpinsel.

„Ich bin die perfekte Farbe für ein Abend-Make-up", prahlt Laura Lidschatten und zeigt ihr leuchtendes Grün.

Den Schüler:innen Lidschatten anbieten und etwas auf den Handrücken auftragen

„Oh", ruft Carmen Kajal, „ich bin ganz schwarz. Passt denn ein grüner Lidschatten dazu?"

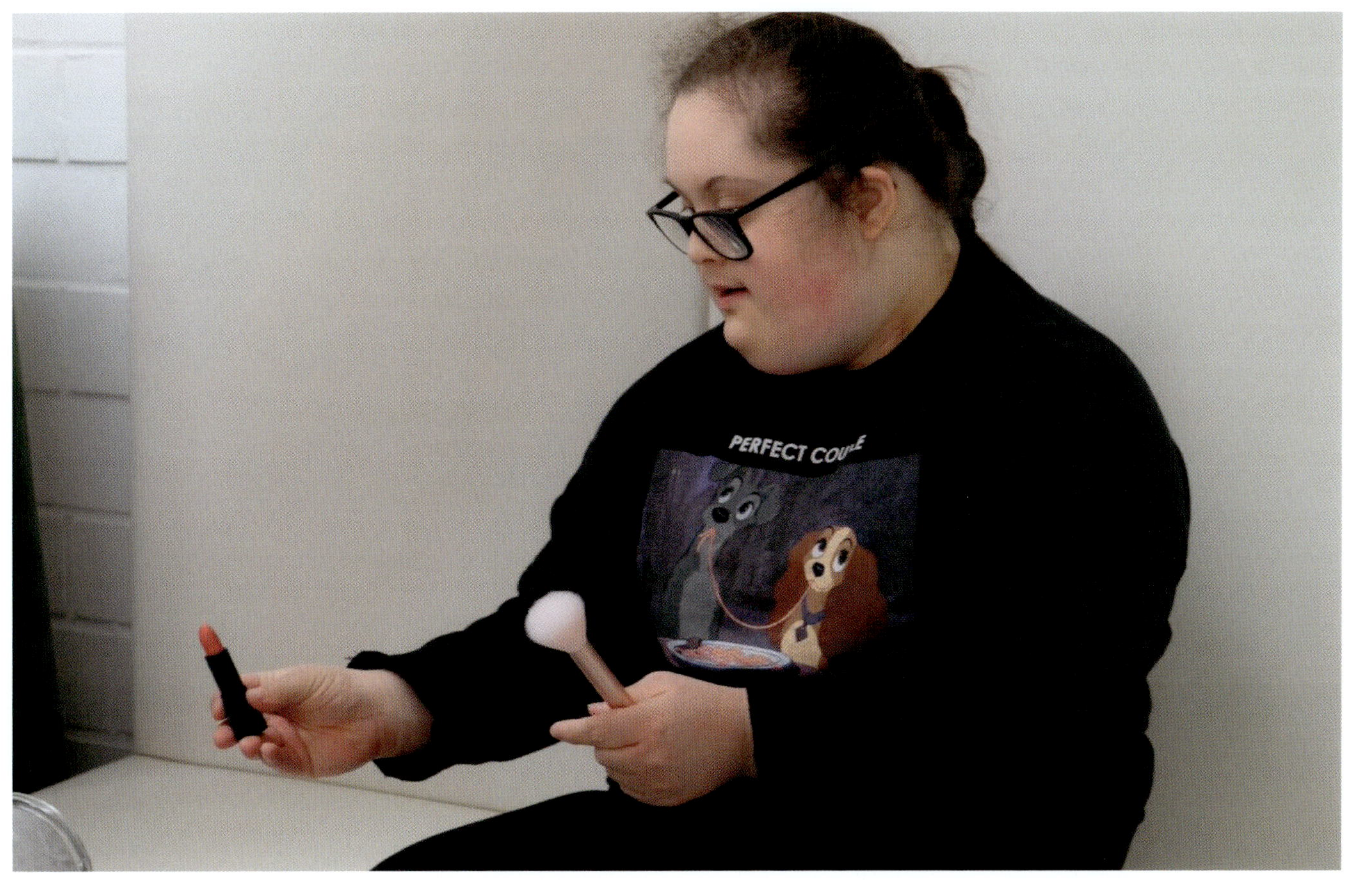

Den Schüler:innen einen schwarzen Kajal anbieten

„Klar“, antwortet Wilma Wimperntusche, „ich bin ja auch schwarz. Wir beide werden die Augen richtig umranden.“

„Okay“, sagt Frieda Feuchtigkeitscreme, „was braucht Mutter Ilse noch, um morgen zu strahlen?“

„Na mich, ist doch klar“, bringt sich Nadja Nagellack ins Spiel.

Den Schüler:innen roten Nagellack anbieten und vielleicht einen Fingernagel lackieren

„Oh nein, nicht Nadja Nagellack in kirschrot. Die ruiniert das ganze Outfit mit ihrer aufdringlichen Farbe“, schreit Carmen Kajal.

„Das ist gemein von dir. Ich merke wohl, dass du mich nicht magst“, antwortet Nadja Nagellack. „Aber was soll’s, Farbe ist eben eine Geschmackssache.“

„Also ich bin auch startklar für das Abend-Make-up“, ruft Margarete Make-up. „Ich habe einen wunderschönen Goldschimmer in meinem Make-up. Schaut mal, sieht das nicht gut aus?“

Den Schüler:innen Make-up anbieten, in Puderform oder flüssiges Make-up

„Uns braucht Mutter Ilse nach der Feier“, machen die kleinen Wattepads auf sich aufmerksam. „Mit unserer weichen Art nehmen wir es mit dem kompletten Abend-Make-up auf und wischen alles wieder weg“.

„Moment mal, wir sind noch nicht fertig“, haucht Paolo Parfüm, „ich gebe jeder Frau einen zarten Duft, damit das Abend-Make-up perfekt unterstrichen wird.“

Den Schüler:innen Parfüm anbieten und unterschiedliche Düfte riechen lassen

„Okay“, sagt Frieda Feuchtigkeitscreme, „dann ist ja alles zusammen!“

„Nein, noch nicht“, meldet sich Ariane Augenbrauenstift verzweifelt zu Wort. „Ich finde Lisa Rosa Lippenstift nicht.“

Den Schüler:innen einen braunen Augenbrauenstift anbieten

„Oh“, ruft Nadja Nagellack, „Lisa Rosa Lippenstift ist verschwunden? Hat sie uns sitzen lassen?“

„Wie, sitzen lassen?“, will Paolo Parfüm wissen.

„Ja, Lisa Rosa Lippenstift ist doch jetzt bei Vater Walter in der Werkzeugkiste. Sie hat sich in Antonio Akkubohrer verliebt und die beiden leben nun glücklich zusammen in der Werkzeugkiste. Wisst ihr das noch nicht?“, klärt Paula Puderpinsel die Lage.

„Aber was machen wir ohne Lippenstift?“, fragt aufgeregt Wilma Wimperntusche.

„Das ist ein Drama“, jammert Frieda Feuchtigkeitscreme. „Ein Abend-Make-up ohne Lippenstift, das geht gar nicht.“

„Ich finde es nicht schlimm“, mischt Nadja Nagellack sich ein. „Mein kirschroter Nagellack und Lisa Rosa Lippenstift passen ja nicht wirklich zusammen.“

Die Aufregung im Kosmetikkoffer steigt und jeder versucht, etwas zum fehlenden Lippenstift zu sagen. Plötzlich geht der Kosmetikkoffer auf und Vater Walter legt vorsichtig einen kirschroten Lippenstift hinein. Als er den Kosmetikkoffer schließt, hört er ein leichtes Aufatmen.

Ergänzungen

Inhalt

Die Geschichte ist eine Weiterführung der Geschichte „Das Traumpaar aus der Werkzeugkiste". Bei der Familie Walter steht ein großes Gartenfest bevor und alles ist vorbereitet. In der Nacht will Paula Puderpinsel wissen, ob auch alle Kosmetikartikel, die Mutter Ilse braucht, vorhanden sind. Sie überprüft die einzelnen Kosmetikartikel und stellt dabei fest, dass Lisa Rosa Lippenstift nicht da ist. Die Aufregung ist groß in dem Kosmetikkoffer von Mutter Ilse. Lisa Rosa Lippenstift liegt in der Werkzeugkiste und Vater Walter steht in der Nacht auf, um das Problem zu lösen.

Auf einen Tisch den Kosmetikkoffer mit den unten aufgeführten Produkten stellen. So können die einzelnen Produkte schnell den Schüler:innen angeboten werden und die Aufmerksamkeit wird auf den Kosmetikkoffer gelenkt.

Ziele

Die Geschichte ist geeignet, um sich mit unterschiedlichen Kosmetikprodukten und Pflegeprodukten vertraut zu machen. Die Produkte können haptisch wahrgenommen, aber auch ausprobiert und eingestuft werden, beispielsweise in angenehm und unangenehm.

Die Namen der Kosmetikartikel fangen mit dem Anfangsbuchstaben des Produktes an, sodass lustige Wortspiele entstehen, die gut zur deutlichen Artikulation im Bereich Sprache genutzt werden können.

Material

- Kosmetikkoffer
- Puderpinsel
- Körperbutter
- Wimperntusche
- Feuchtigkeitscreme
- Lidschatten
- Kajal
- Nagellack
- Make-up (in puderform oder flüssig)
- Parfüm
- Augenbrauenstift
- Lippenstift in Rosa
- Lippenstift in Rot

Weiterführende Ideen

Die Schüler:innen können sich mit den Kosmetikprodukten gegenseitig schminken oder schminken lassen. Dabei liegt der Schwerpunkt bei der Wahrnehmung des Gesichtes, der Lippen, der Augen, der Wangen, der Wimpern und der Augenbrauen.

Die Schüler:innen können aber auch nur die Hände und Arme anmalen und so die unterschiedlichen Konsistenzen der Kosmetikprodukte wahrnehmen.

Der Badezimmerspuk

Der Herr des Badezimmers ist der freche Fred, der Föhn der Familie Meier.

Föhn anbieten und ertasten lassen

Wenn Herr Meier im Bad ist, um sich für das Bett fertig zu machen, passieren die merkwürdigsten Dinge.

So wie auch heute Abend. Herr Meier betritt das Badezimmer, und auf dem Boden liegen auf einem weichen Handtuch sorgfältig nebeneinander:

- die Zahnbürste und die Zahncreme,
- Rasierschaum,
- der nasse Waschschwamm und die Seife,
- das Handtuch,
- die Bürste und der Kamm.

Alle Gegenstände einzeln ertasten lassen

Und dann will Herr Meier anfangen, sich bettfertig zu machen, da klettert aus dem Badezimmerschrank der freche Fred, der Föhn. Er stellt sich auf Stufe 1 an und föhnt los.

Föhn zum Ertasten in die Hand legen

Mit dem Föhn über einzelne Körperstellen föhnen

Mit seiner warmen Luft wirbelt der freche Fred alle Gegenstände durcheinander. Die Zahnbürste mit Zahncreme fliegt dreimal um den Kopf des verwunderten Herrn Meier, bevor sie schließlich in seinem Mund landet. Die Zahnbürste macht kleine Bewegungen an den Zähnen.

Mit der Zahnbürste dreimal um den Kopf der Schüler:innen fliegen und dann vorsichtig in den Mund führen und Zähne putzen

Die Dose mit dem Rasierschaum verliert beim Herumgewirbel durch den frechen Fred den Drehverschluss, und eine große Portion Rasierschaum landet auf dem Handspiegel von Herrn Meier.

Rasierschaum auf einen Handspiegel geben und den Schüler:innen zum Riechen und Verstreichen anbieten

Jetzt stellt der freche Fred, der Föhn, sich eine Stufe stärker ein, auf Stufe 2.

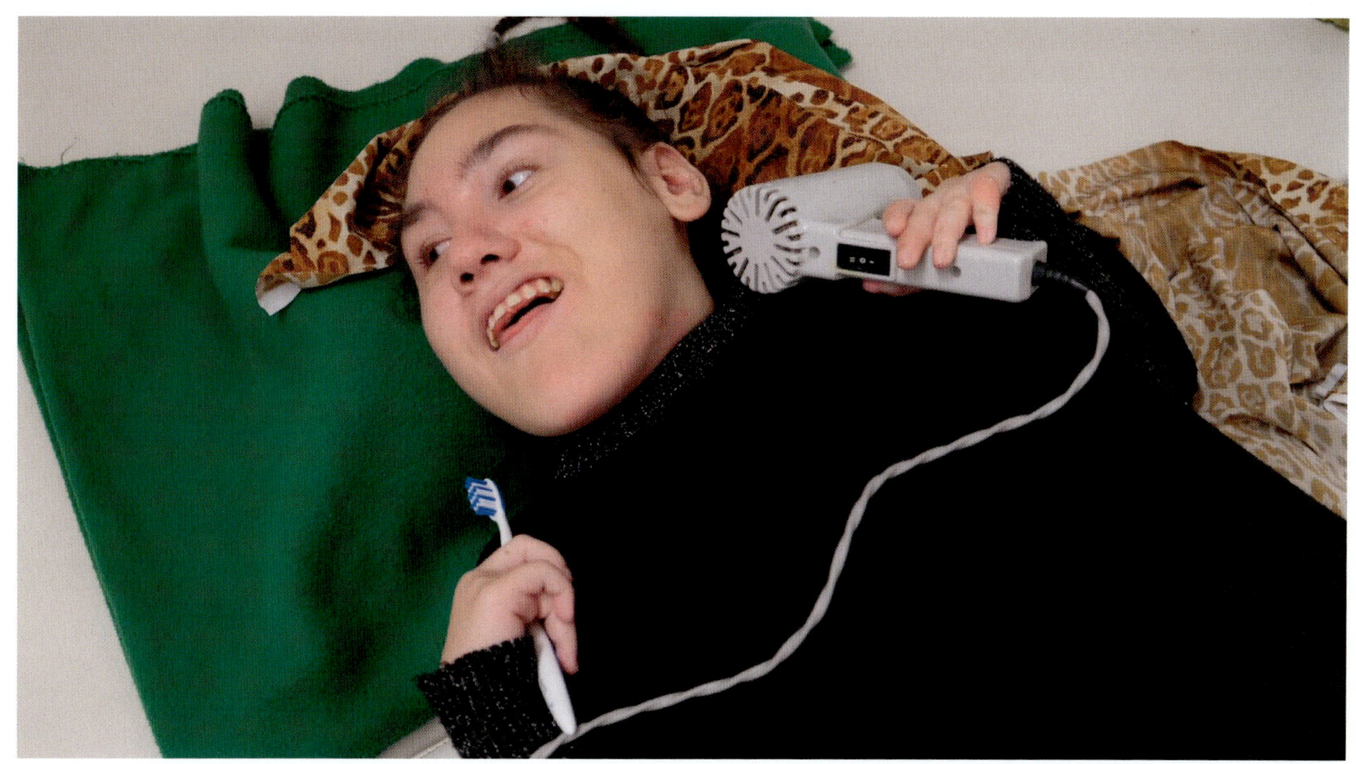

Föhn zum Hantieren anbieten und den starken Wind spüren lassen

Mit aller Kraft versucht nun der freche Fred, der Föhn, den nassen Waschschwamm in Aktion zu bringen. Zuerst verteilt er etwas Seife darauf, nun mit aller Kraft den Waschschwamm hochziehen, und dann geht es los.

Der Waschschwamm wirbelt durch das Badezimmer, fliegt von links nach rechts, mal hoch mal tief, fliegt immer knapp an der Nase von Herrn Meier vorbei, bis er sich dann erschöpft sehr vorsichtig auf das ganze Gesicht von Herrn Meier legt.

Mit dem Waschschwamm alle beschriebenen Aktionen nachmachen, Schüler:innen dabei mit einbeziehen

Der Waschschwamm streichelt leicht und ganz sanft, fast zärtlich, über das Gesicht von Herrn Meier. Ich glaube, der Waschschwamm mag den Herrn Meier besonders, so wie der mit Herrn Meier kuschelt. Das ganze Gesicht ist schon nass, sauber und erfrischt. Ist der Waschschwamm etwa verliebt?

Leicht und sanft das Gesicht der Schüler:innen waschen

Der freche Fred, der Föhn, schaut sich das nicht länger an. Wieder legt er los. Diesmal scheucht er das Handtuch auf. Es fliegt leicht und schwungvoll auf das Gesicht von Herrn Meier und will auch kuscheln. Dabei wird wie von Geisterhand das ganze Gesicht wieder schön trocken.

Mit dem Handtuch das Gesicht trocknen

Und immer noch nicht genug. Wieder legt der freche Fred, der Föhn, los. Er stellt sich auf eine schwächere Stufe ein und wirbelt diesmal die Bürste durch die Gegend. Aber wo fliegt die Bürste denn hin? Tatsächlich, auf den Rücken von Herrn Meier. Langsam und vorsichtig rollt die Bürste seinen Rücken entlang.

Mit der Bürste vorsichtig den Rücken der Schüler:innen abstreichen

Das findet der freche Fred aber nicht gut, das ist ihm zu langweilig. Und jetzt gibt er alles. Er stellt sich auf die höchste Stufe ein. Höher und höher fliegt die Bürste, bis sie beim Kopf von Herrn Meier ankommt und auf seinen Haaren landet. Wie von Geisterhand sind alle Haare wunderbar gekämmt und die Frisur ist perfekt.

Haare mit der Bürste bürsten oder mit dem Kamm kämmen

Herr Meier schaut erstaunt an sich herunter. Mit Hilfe des frechen Fred, dem Föhn, der Herrscher des Badezimmers, ist er schon fertig gewaschen und kann ins Bett gehen.

In der Nacht träumt er noch einmal vom frechen Fred, der ja eigentlich ganz lieb ist, und von dem Waschschwamm, der unbedingt kuscheln wollte. Ein angenehmes, wohliges Gefühl macht sich bei Herrn Meier breit, und er schläft tief und fest.

Ergänzungen

Inhalt

Herr Meier möchte sich für das Bett fertig machen. Im Badezimmer erlebt er eine schöne Überraschung. Alles was Herr Meier benötigt liegt sorgfältig nebeneinander auf dem Boden. Der freche Fred, der Föhn der Familie Meier, ist der Herr des Badezimmers und er schafft es, dass Herr Meier wie mit Geisterhand gewaschen und rasiert wird. Auch die Zähne werden geputzt und die Haare gemacht. Als Raum bietet sich hier das Badezimmer oder das Pflegebad an. Es ist darauf zu achten, dass der Raum gut geheizt und eine gute Atmosphäre ausstrahlt, um sich wohlzufühlen.

Ziele

Schwerpunkt ist die handelnde Auseinandersetzung mit den Materialien und Gegenständen zur täglichen Körperpflege. Es geht um das Vertraut werden mit den Gegenständen rund um die Körperpflege und um die Wahrnehmungsimpulse zu spüren und einzuordnen. Ist die tägliche Körperpflege negativ besetzt, dient diese Geschichte auch dazu einen anderen Zugang zur täglichen Körperpflege zu erlangen.

Material

- Fred, der freche Föhn
- Zahnbürste
- Zahncreme
- Rasierschaum
- Waschschwamm
- Seife
- Handtuch
- Bürste
- Kamm
- Handspiegel

Weiterführende Ideen

Die Geschichte kann auch weiterentwickelt werden und andere Gegenstände der täglichen Körperpflege können mit einbezogen werden.

Ein weiteres Angebot, das sich anbietet, ist die Wahrnehmung von unterschiedlichen Düften, beispielsweise der Seife, des Rasierschaums und der Zahncreme. Durch die Sensibilisierung der olfaktorischen Wahrnehmung können die Vorlieben der Schüler:innen bei den unterschiedlichen Düften erkannt werden.

Der Täter am Kühlschrank

Als Thea ihren Kühlschrank aufmacht, traut sie ihren Augen nicht. Im Gemüsefach ist alles rot und klebrig. Sie ist entsetzt, und dann hört sie aus der Milchtüte die aufgeregte Stimme von Milch Marlies: „Mensch Thea, da bist du ja endlich. Riech mal, ich bin schon richtig sauer, so geht das hier wirklich nicht mehr weiter!"

„Ja, was ist denn hier los?", fragt Thea.

„Ja genau, das meine ich. Hier im Kühlschrank ist alles durcheinander, und meine Freunde sind nicht mehr dort, wo sie sein sollten", sagt die saure Milch Marlies.

Saure Milch zum Riechen anbieten

Und weinerlich winselt Rosi Radieschen: „An meinem ganzen Körper ist Ketchup, das ist einfach widerlich."

Radieschen beschmiert mit Ketchup den Schüler:innen anbieten

Und die weißen Eier Elsa und Ellie rufen: „Schau mal, wie wir aussehen. Unsere Schale ist angeschlagen, keiner nimmt uns mehr aus dem Kühlschrank."

Vorsichtig ein angeschlagenes Ei in die Hand der Schüler:innen legen

„Das stimmt, das ist ja fürchterlich hier im Kühlschrank", sagt Thea und sieht sich weiter um. Dabei entdeckt sie Antonia und Anton Apfel, die ganz still im Gemüsefach vom Kühlschrank liegen. „Na, was ist denn mit euch los? Ihr seid ja völlig verschüchtert", sagt Thea. „Ja", antworten die beiden Äpfel, „wir sind lieber ganz still, dann passiert uns hier im Gemüsefach vielleicht auch nichts."

„Wieso?", fragt Thea erstaunt.

Den Schüler:innen zwei Äpfel anbieten

Und dann ertönt Rudi, der Räucherlachs: „Na ganz oft, wenn es dunkel ist, kommt jemand, reißt die Kühlschranktür auf und richtet ein Chaos an. Aber heute Nacht war es ganz besonders schlimm. Wir müssen unbedingt etwas machen, wir müssen den Täter finden."

Eine Scheibe Räucherlachs den Schüler:innen zum Riechen anbieten

„Guck mal, wie ich aussehe“, ruft Gaudi, der junge Gouda in die Runde. „Irgendwer hat seinen Zahnabdruck an meiner schönsten Stelle hinterlassen.“

> Den Schüler:innen ein Stück Käse mit einem Zahnabdruck anbieten, den Zahnabdruck ertasten lassen

„Ja, wir müssen den Täter dingfest machen“, ruft die saure Milch Malies. „Aber wie soll das gehen?“, fragen Elsa und Ellie, die zerschlagenen Eier.

„Ich weiß, wie wir den Kühlschranktäter erwischen“, sagt Thea. „Ich werde mich heute Nacht hier auf die Lauer legen und beobachten, wer der Täter am Kühlschrank ist.“

„Das ist bestimmt gefährlich“, rufen Antonia und Anton Apfel.

Aber Thea ist mutig und versteckt sich am Abend unterm Küchentisch. Von da aus hat sie den Kühlschrank wunderbar im Blick. Ein wenig aufgeregt ist Thea schon, sie weiß ja nicht, ob der Täter wohl doch gefährlich ist. Lange muss Thea nicht warten, da geht die Küchentür auf. Eine große männliche Gestalt schleicht zielsicher zum Kühlschrank. Sie holt einige Lebensmittel aus dem Kühlschrank und stellt sie auf den Küchentisch. Dann holt die Gestalt auch noch die Marmelade aus dem Kühlschrank und bestreicht die Banane Bella damit. Immer noch nicht genug, holt sie aus der Kühlschranktür den Obstsaft und die Limo, dreht beide Flaschen auf

und kippt den Inhalt zusammen. Angewidert beobachtet die Quarkspeise den Vorgang. Zum Schluss nimmt die Gestalt die Fleischwurst aus dem Kühlschrank, schnuppert daran, beißt kräftig zu und legt die Fleischwurst zurück.

Den Schüler:innen eine mit Marmelade beschmierte Banane, eine Karaffe mit Limonade und Orangensaft und die angebissene Fleischwurst anbieten

„Ist jetzt endlich Ruhe?“, fragt sich Thea.

Nein, noch nicht, denn nach einiger Zeit öffnet die Gestalt den Kühlschrank erneut und legt nacheinander alle verunstalteten, verkleckerten und angebissenen Lebensmittel unsortiert zurück. Gerade, als die Gestalt die Küche verlassen will, erkennt Thea, wer der Übeltäter ist.

Es ist Thomas. Thomas hat die Augen geschlossen und Thea weiß genau Bescheid. Draußen am Nachthimmel leuchtet der helle Vollmond. Thomas ist mal wieder schlafgewandelt. Wie schon so oft und ganz bestimmt bei Vollmond.

Könnt ihr Thea beim Aufräumen und Säubern des Kühlschranks helfen? Und aus den Lebensmitteln lässt sich ganz bestimmt noch etwas Leckeres zaubern!

Ergänzungen

Inhalt

In dieser Geschichte geht es um einen Täter am Kühlschrank, der in der Nacht sein Unwesen am und im Kühlschrank treibt. Die verschiedenen Lebensmittel beschweren sich bei Thea und brauchen Hilfe. Der Täter geht nicht sachgemäß mit den Lebensmitteln um und beschädigt sogar einige. Thea beschließt sich nachts auf die Lauer zu legen, um den Täter auf frischer Tat zu ertappen und dingfest zu machen.

Die Geschichte kann gut in der Küche oder einem Raum mit Kühlschrank angeboten werden.

Wenn kein realer Kühlschrank zur Verfügung steht, könnte auch ein kleiner Schrank den Kühlschrank ersetzen. Um die Kälte des Kühlschranks zu spüren kann ein Kühlakku angeboten werden.

Ziele

Es geht in dieser Geschichte schwerpunktmäßig darum, die weiche und harte Konsistenz von unterschiedlichen Lebensmitteln zu erfahren und die Lebensmittel durch Fühlen, Riechen, Schmecken und Tasten zu erkennen und einzuordnen. Die Auseinandersetzung mit dem Kühlschrank kann ein weiterer Schwerpunkt sein.

Im Bereich Sprache stehen die Aktivierung und Erweiterung des Wortschatzes im Vordergrund.

Material

- Milchtüte
- Radieschen
- Ketchup
- 2 Eier
- 2 Äpfel
- Räucherlachs
- Gouda am Stück
- Quarkspeise
- Marmelade
- Banane
- Limonade
- Obstsaft
- Fleischwurst

Weiterführende Ideen

In der Lerngruppe werden alle Lebensmittel auf den Tisch gelegt und ein weiteres Mal betrachtet. Anschließend können unterschiedliche Mutproben stattfinden, wie zum Beispiel „Wer ist so mutig und fasst die Banane an?“ und weiterführend „Wie fühlt sich die Banane an?“.

Eine andere Variante wäre „Wer ist so mutig und hält die angeschlagenen Eier fest, ohne dass diese auseinanderfallen?“.

All diese Spiele mit den Lebensmitteln dienen dazu Sprachanlässe zu schaffen und die aktive Sprache zu fördern.

Die Geschichte dient auch als Einstieg im Bereich Hauswirtschaft. Der Schwerpunkt liegt dann beispielsweise bei der sachgerechten Aufbewahrung und Säuberung von Lebensmitteln bis hin zum zielgerichteten Säubern und Einräumen eines Kühlschranks.

Else mit dem fahrbaren Supermarkt

Kennst du einen fahrbaren Supermarkt? Oder auch Verkaufswagen genannt? Nein?

In diesem fahrbaren Supermarkt oder Verkaufswagen kannst du alles kaufen; naja, alles an Lebensmitteln. Früher war das so, da fuhren die Lebensmittelverkäufer mit einem fahrbaren Supermarkt zu den Menschen vor deren Häuser, und alle konnten dann dort vor ihrer Haustüre direkt einkaufen gehen.

Den Schüler:innen ein Lenkrad anbieten und Fahrgeräusche machen

Auch die Else hatte einen solchen fahrbaren Supermarkt und manchmal geht sie noch heute mit ihm auf Verkaufsreise. Ich will euch von ihr erzählen:

Else ist eine großartige Frau. Alle Menschen, die in ihrem fahrbaren Supermarkt einkaufen gehen, lieben die Else, da sie immer ein offenes Ohr für alle hat und wunderbare Geschichten erzählt. Jeden Morgen, wenn die Turmuhr siebenmal ihren Klang ertönen lässt, dann steigt Else in ihren fahrbaren Supermarkt und fährt los.

Den Klang der Turmuhr siebenmal nachmachen

Aber richtig los geht es erst, wenn Else sich von ihrem Mann Hannes, von ihren Söhnen Tommy und Mattes, von ihren vier Tanten und der Oma verabschiedet hat. Zuerst fährt Else die Hauptstraße entlang und bleibt dann in der Sackgasse „Alter Postweg“ mit dem Verkaufswagen stehen.

Autogeräusche nachmachen

Gerade, als sie die Tür zu ihrem fahrbaren Supermarkt für die Kunden öffnen will, hört sie im Regal ein lautes Geschrei: „Was bildest du dir ein, lass mich, ich bin viel wichtiger und wertvoller für die Kunden als du.“ Else schaut sich verwundert um, aus welchem Regal das Geschrei kommt. Da sieht und hört sie es; es ist Manny Mehl und Zimny Zucker, die sich fürchterlich darüber streiten, wer wichtiger für die Kunden ist.

Den Schüler:innen Mehl und Zucker in verschiedenen Schüsseln anbieten und mit den Händen ertasten lassen

Else ruft ganz laut: „Hört auf, gleich kommen die ersten Kunden und mit eurem Geschrei vergrault ihr sie alle. Ich kann euch nur sagen, ihr seid beide wichtig für die Kunden, denn für einen schönen Kuchen braucht man das weiße Mehl Manny, das in

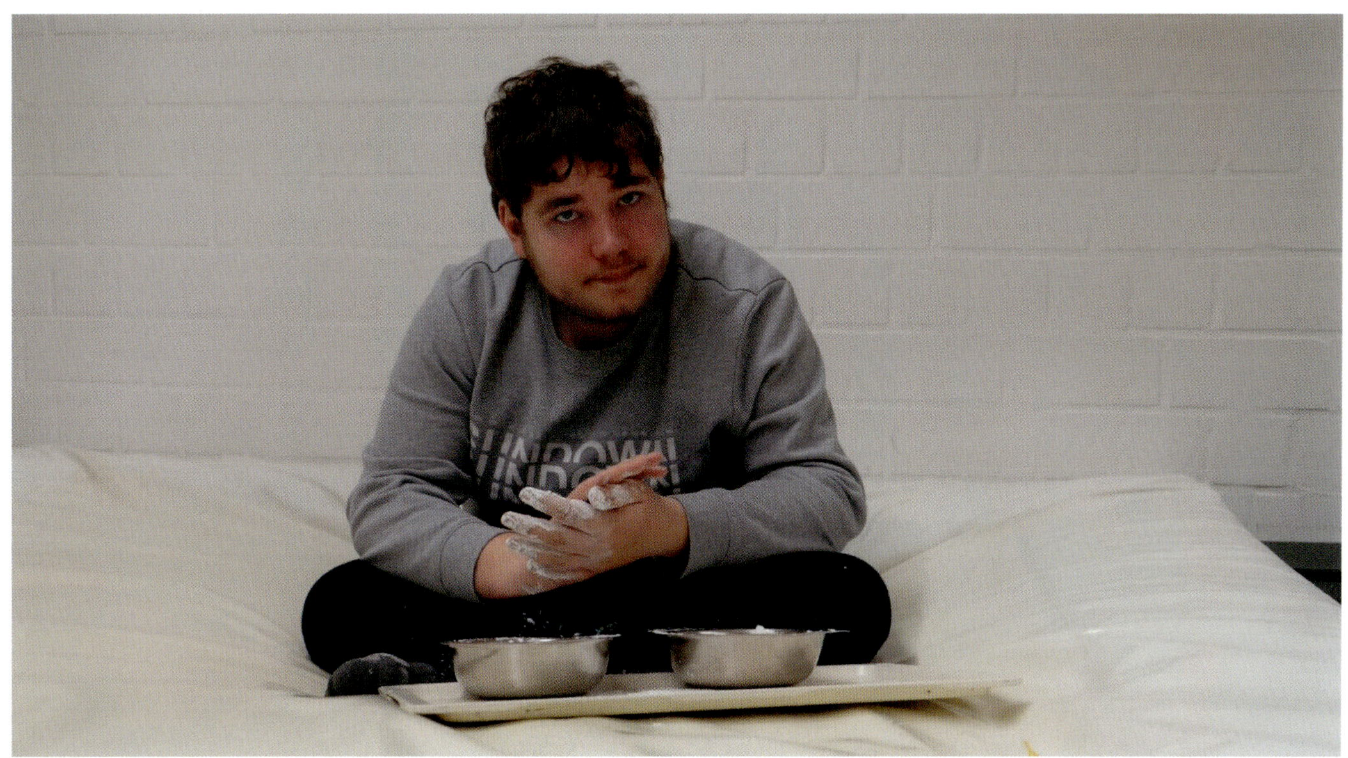

unserer Hand ganz, ganz weich ist und auch Zimny Zucker, der richtig süß und lecker schmeckt." „Ach so", murmelt Manny Mehl und Zimny Zucker reicht Manny Mehl zur Versöhnung die Hand.

Mehl und Zucker in einer Schüssel vermengen und anbieten

Jetzt kann es endlich losgehen mit dem Verkauf auf dem alten Postweg. Eine lange Schlange hat sich schon gebildet. Doch nach einer halben Stunde kann die gute Else zur nächsten Haltestelle weiterfahren, zum „Oestricher Weg" in einer Bauernschaft. Else stellt ihren fahrbaren Supermarkt in die Einfahrt von dem Bauernhof Fabi. Als sie den Motor abstellt, steht die kleine Lena schon an der Tür. Ganz traurig schaut sie zu Else herüber.

„Na, Lena, was ist los?", fragt Else. „Du schaust so traurig aus, ist etwas passiert?"

„Gestern habe ich bei dir diese Schokolinsen in der Rolle gekauft, aber die Rolle war nur halb voll und das geht doch nicht, oder?"

„Oh“, sagt Else, „das geht wirklich nicht. Wer da wohl etwas mit zu tun hat? Das muss ich noch einmal rauskriegen. Lena, ich gebe dir noch zwei neue Rollen Schokolinsen dazu. Brauchst du sonst noch etwas? Und heute musst du nichts bezahlen.“

Zwei unterschiedlich gefüllte Rollen mit Schokolinsen anbieten und den Unterschied erspüren lassen

„Nein Else, danke. Bis zum nächsten Mal.“

Glücklich geht Lena mit ihren zwei Rollen Schokolinsen nach Hause.

Als Else am Abend zuhause ist, überlegt sie noch lange, wie es kommen konnte, dass die eine Rolle Schokolinsen nur halb voll war. Else geht zu ihren Söhnen Tommy und Mattes und fragt nach: „Seid ihr im fahrbaren Supermarkt gewesen und habt von den Schokolinsen in der Rolle genascht Jungs?“ Und wenn Else Fragen wie diese so stellt, dann können Tommy und Mattes nichts anderes, als nur die Wahrheit sagen: „Wir hatten so eine Lust auf die Schokolinsen, und dann haben wir welche aus der Rolle genommen.“

Else sieht Tommy und Mattes mit ihrem herzlichen Lachen an und sagt: „Beim nächsten Mal müsst ihr die Rolle ganz leer machen und in den Müll schmeißen. Das ist besser fürs Geschäft.“

Wieder einmal ist es soweit. Else ist mit ihrem fahrbaren Supermarkt unterwegs, die Turmuhr hat siebenmal geläutet und Else hat sich wie immer von Hannes, Tommy, Mattes, den vier Tanten und der Oma verabschiedet.

Klang der Turmuhr siebenmal nachmachen

Zu ihren Jungen sagt sie: „Macht keinen Quatsch, während ich weg bin!“ „Nein, nein, bestimmt nicht“, sagen Tommy und Mattes. Und dann rufen die Tanten ihr noch zu: „Wir passen schon auf die Jungs auf, du kannst ganz beruhigt fahren.“

Autogeräusche machen

Heute muss Else in die Hornheide fahren, dort war sie schon lange nicht mehr. Sie kennt dort die meisten Kunden persönlich. Und als sie den fahrbaren Supermarkt gerade wieder für den Verkauf öffnen will, hört sie ein Geschrei. Das muss aus dem Verkaufswagen kommen. Als Else nachschaut, sieht und hört sie, wie sich Gerd Gurke und Fritz Zucchini streiten. Die beiden wollen einfach nicht nebeneinanderliegen.

Den Schüler:innen eine Gurke und eine Zucchini anbieten

„Ja, warum wollt ihr denn nicht nebeneinanderliegen?“, fragt Else. Gerd Gurke antwortet: „Weil die Kunden immer die Zucchini mitnehmen, aber eigentlich wollen sie eine Gurke kaufen.“ „Stimmt gar nicht“, sagt Fritz Zucchini, „wer will schon eine knorrige Gurke haben?“

„Jetzt hört aber auf, das sollen doch die Kunden selbst entscheiden! Wir machen es so“, sagt Else, „wir legen zwischen euch beide einfach Tina Tomate. Dann müssen die Kunden genauer hinschauen und wissen anschließend ganz genau, ob sie die Gurke oder die Zucchini nehmen wollen.“

Den Schüler:innen eine Tomate anbieten

Else sortiert schnell noch das Regal mit dem Gemüse und dann geht der Verkauf los.

Nach fast einer Stunde fährt Else nun noch zur Kolonie, denn dort warten immer viele Kunden sehnsüchtig auf sie. Als Else ankommt, sieht sie schon Jule, Stina und Teresa, die auf dem Glückauf-Platz auf Else warten. Mitten auf dem Platz hält sie mit ihrem fahrbaren Supermarkt an. Sie macht die Tür auf und schon kommen Jule, Stina und Teresa herein.

„Na, müsst ihr heute wieder zu eurer Tante fahren und ihr die Einkäufe bringen?“, fragt Else.

„Ja, Else, das müssen wir. Und wie immer müssen wir dafür eine Stunde mit dem Auto fahren und das ist so langweilig.“

„Da hab’ ich etwas für euch, eine Naschtüte für unterwegs, die habe ich schon fertig gemacht.“

„Danke Else, du bist die Beste!“

Den Schüler:innen unterschiedlich befüllte Naschtüten anbieten

Jetzt ist Else aber fertig und kann endlich nach Hause fahren. Auf dem Hof erwartet sie schon der Nachbar Hermann und neben ihm zwei alte Mofas. Auch Tommy und Mattes stehen mit gesenktem Kopf in der Mitte des Hofes und die vier Tanten und die Oma drumherum. Erstaunt fragt Else: „Na, was gibt es denn Hermann?“

„Else, deine Jungs sind mit ihren Mofas auf meiner Wiese gefahren und haben alle Pferde verrückt gemacht. Ich kann die Pferde überhaupt nicht mehr beruhigen.“

Else lächelt ihre Jungen wieder herzlich an und fragt: „Und, wart ihr mit den Mofas auf der Pferdewiese?“ Und wenn Else Fragen wie diese so stellt, dann können Tommy und Mattes nichts anderes als die Wahrheit sagen: „Ja, wir waren auf der Wiese. Da gibt es viele Pfützen und es spritzt so schön.“ „Das sehe ich“, sagt Else.

Die Schüler:innen mit der Sprühflasche einige Spritzer Wasser auf die Hände oder ins Gesicht spritzen

Und zu Hermann: „Hermann, ich kläre das im Haus mit den Jungs. Und morgen sehen wir uns beim Schützenfest, dann trinken wir ein Likörchen zusammen.“

Ergänzungen

Inhalt

In dieser Geschichte geht es um einen fahrbaren Supermarkt, den es früher gegeben hat und als Milchwagen bekannt ist. Die Else fährt mit so einem Verkaufswagen durch die Bauernschaften und erlebt schöne Geschichten. Die Söhne Tommy und Mattes sind in der Geschichte für jeden Spaß zu haben.

Der Raum kann als Verkaufswagen fertig gemacht werden. Dazu wird ein kleines Regal in den Raum integriert, in dem die verwendeten Lebensmittel dekoriert werden. Um das Fahren mit dem Einkaufswagen anzudeuten, dient ein altes Lenkrad oder ein Gymnastikreifen als Unterstützung.

Ziele

Das Wahrnehmen und Erfahren der Lebensmittel in der Geschichte bilden den entscheidenden Schwerpunkt. Die Unterscheidung der Lebensmittel, wie Mehl und Zucker oder Gurke und Zucchini, fördert die differenzierte Wahrnehmung. Ein weiterer Schwerpunkt liegt in der Wahrnehmung von akustischen Ereignissen.

Material

- Lenkrad oder Gymnastikreifen als Verkaufswagen
- Gong für die Turmuhr
- Mehl
- Zucker
- 2 Rollen Schokolinsen
- Gurke
- Zucchini
- Tomate
- 3 Naschtüten für die Kinder Jule, Stina und Teresa vorbereiten
- Sprühflasche mit Wasser (Wasserpfützen)

Weiterführende Ideen

Die Geschichte kann gut als Hörbuch aufgenommen werden. Die unterschiedlichen Rollen können von Schüler:innen gesprochen werden. Ist der Sprachanteil zu lang, kann dieser verkürzt oder verändert werden. Die Sprachanteile können aber auch mit unterschiedlichen Sprachausgabegeräten besprochen und von den Schüler:innen ausgelöst werden. Das entstandene Hörbuch kann später vervielfältigt werden und auf einem Schulfest von der Schülergruppe verkauft werden.

Die Küchenparty

Abends, wenn die Familie Müller schon lange schläft, Mama Müller, Papa Müller und der kleine Ben, dann passiert in der Küche der Familie Müller etwas Sonderbares. Höre einmal gut zu!

Die Schranktür in der Küche, wo Mama Müller ihre Kochtöpfe abstellt, geht auf.

> Quietschgeräusche der Schranktür nachmachen, evtl. eine Schranktür dabei öffnen

Der dickste Topf des Küchenschranks, der runde Rudi, rollt aus dem Schrank. Er schaut sich etwas um und erkundet die Küche.

> Einen großen Topf zum Betasten anbieten, mit den Händen den Topf untersuchen

Und dann kommt der schlanke Sven dazu, Sven die Bratpfanne. Sven ist nicht so dick und rund wie Rudi, dafür hat er einen langen Stiel zum Anfassen.

> Pfanne zum Betasten anbieten und den Stiel anfassen lassen

Oh je, und wer kommt denn da aus dem Schrank? Der zweite dicke Topf, der starke Bernd, der Schnellkochtopf. Der pfeift, wenn das Essen fertig ist. Hör mal!

> Pfeifgeräusche mit dem Mund oder einer Pfeife machen, einen dicken Topf zum Betasten und Befühlen anbieten

Ja, und nun überlegen die drei Freunde des Küchenschranks, der runde Rudi, der schlanke Sven und der starke Bernd, was sie wohl alles so machen können.

> Die unterschiedlichen Töpfe noch einmal beim Namen nennen (der runde Rudi, der schlanke Sven, der starke Bernd) und dabei ertasten lassen, die Unterschiede erspüren

Zunächst spielen die drei Freunde ihr Versteckspiel. Dabei wickeln sie sich in verschiedene Tücher, die sie in der Küche oder im Haus gerade finden: Trockentücher, Spültücher, Staubtücher, Kopftücher, Schals, Decken. Und dann erraten sie, wer sich denn nun unter den Tüchern versteckt hat. Versuch du es auch einmal!

Töpfe in unterschiedliche Tücher und Stoffe einwickeln, Schüler:innen ertasten lassen und erraten lassen, welcher Topf es ist. Dabei oder anschließend die Töpfe auspacken

Dann sagt der starke Bernd, der Schnellkochtopf, mit dunkler Stimme: „Ich habe keine Lust mehr, das Spiel ist jetzt aber echt langweilig, ich will etwas anderes spielen."

„Ja, was denn?", fragt der schlanke Sven, die Bratpfanne, mit piepsiger Stimme.

„Ich hab's, wir machen Partymusik", sagt der runde Rudi, der dicke Topf.

Die Texte mit verstellter Stimme vorlesen

„Party, Partymusik, juchhu", ruft der Mixer und klettert, wach geworden, jetzt auch aus dem Küchenschrank. „Da bin ich dabei. Ich gebe den Takt vor und mache die E-Musik dazu. Hört einmal!"

Mixer ertasten lassen, Mixer anstellen, die verschiedenen Stufen ausprobieren, Mixer in die Hand der Schüler:innen legen (unterstützend helfen), um die Vibrationen zu spüren

Dann kommt auch noch der alte und etwas langsame Holzlöffel aus der Schublade.

„Oh, ich will auch! Ich bin zwar schon etwas älter, aber wenn ich langsam arbeite, kann ich auch Musik machen."

Ganz scheu und leise kommt der Schneebesen aus der Schublade. „Hallo, hallo. Kann ich auch mitmachen?", fragt er schüchtern.

„Ich will auch mitmachen", ruft der Pfannenwender und klettert ebenfalls aus der Schublade.

Holzlöffel, Schneebesen, Pfannenwender ertasten lassen

„Wir machen es so, wir bilden Musikgruppen", sagt der alte Holzlöffel.

Gesagt, getan:

Die erste Gruppe bilden der schüchterne Schneebesen und der starke Bernd, der Schnellkochtopf.

Die zweite Gruppe bilden der freundliche Pfannenwender und der schlanke Sven, die Bratpfanne.

Die dritte Gruppe bilden der alte Holzlöffel und der runde Rudi, der dickste Topf im Schrank.

Schüler:innen die unterschiedlichen Gruppen zum Betasten und Hantieren anbieten, unterstützend helfen

Und dann geht es los, eins, zwei drei: der Mixer fängt an mit der Musik, danach kommt die Gruppe eins, jetzt die Gruppe zwei und zum Schluss die Gruppe drei.

Mit dem Mixer, den Gegenständen und den Töpfen Musik machen, zunächst nacheinander, danach sich steigernd mit mehreren Dingen gleichzeitig

Dazu einen Rhythmus aussuchen, der allen bekannt ist, zum Beispiel „We will, we will rock you" (Queen), „Atemlos" (Helene Fischer) oder ein beliebiges Kinderlied. Dazu wird der Rhythmus geschlagen

Auf einmal ruft der Mixer: „Seid mal still, ich habe etwas gehört. Die Mama Müller kommt runter, alle wieder schnell in den Schrank und in die Schubladen, wir sehen uns morgen wieder. Bis dann!"

Mama Müller ist in der Küche, geht zum Kühlschrank und, als wäre nichts geschehen, holt sie sich ein Glas Milch.

Ergänzungen

Inhalt

„Küchenparty" ist eine Geschichte, die nachts in der Küche der Familie Müller spielt. Alle Familienmitglieder schlafen, aber in der Küche tut sich etwas.

Die unterschiedlichen Kochtöpfe und Küchengeräte kriechen in der Nacht aus dem Küchenschrank. Die Töpfe und die Küchengeräte spielen verschiedene Spiele und machen anschließend gemeinsam Musik. Mit allen verfügbaren Gegenständen aus der Geschichte wird ein Rhythmus getrommelt.

Der Raum könnte die Küche sein, die etwas verdunkelt wird, um die Nacht anzudeuten. Auch ein Klassenraum mit Schränken bietet sich an. Wichtig ist, dass die Gegenstände aus dem Schrank kommen.

Ziele

Das Kennenlernen der unterschiedlichen Töpfe und Küchengeräte. Die Größe, die Beschaffenheit und die Form ertasten und mit den zur Verfügung stehenden Sinnen erfahren.

Weiter geht es auch darum, gemeinsam einen Rhythmus zu spielen und die Küchengeräte und Töpfe zweckentfremdet einzusetzen.

Bei jüngeren Schüler:innen kann auch hier eine Erweiterung in der Sprachentwicklung erreicht werden.

Material

- Großer Topf
- Bratpfanne
- Ggf. Pfeife
- Schnellkochtopf
- Trockentücher, Spültücher, Kopftücher, Decken
- Mixer
- Holzlöffel
- Schneebesen
- Pfannenwender
- Bekanntes Lied, zu dem gemeinsam musiziert wird

Weiterführende Ideen

In der Kita könnte später ein Suchspiel stattfinden unter dem Motto „Wer findet den Holzlöffel?". Der aktive Wortschatz könnte somit erweitert und / oder gefestigt werden. Im Hauswirtschaftsunterricht bietet sich die Geschichte als Einstieg in eine Unterrichtsreihe „Wir lernen die Schulküche kennen" bei Schüler:innen mit intensivem Förderbedarf an. Die Geschichte kann auch zur Aufführung gebracht werden, beispielsweise bei einem Elternnachmittag, wobei der Höhepunkt das gemeinsame Musizieren darstellen würde.

Tango im Salat

An dem Abend, als Jonas mal wieder mit seiner Mutter einkaufen soll und er überhaupt keine Lust dazu hat, passiert etwas Sonderbares in der Gemüsetheke des Supermarktes.

Jonas soll den Spitzkohl holen. Und als Jonas diesen aus dem Regal nehmen will, spricht der Spitzkohl plötzlich mit ihm: „Hey du, dich meine ich, du musst noch etwas warten, gleich geht der Tanzwettbewerb in der Gemüsetheke los, heute ist doch das Finale. Und du Jonas, musst heute in der Jury sitzen, weil sich Käthe Kohlrabi krankgemeldet hat."

Jonas schaut herum und fragt sich, ob auch die anderen Menschen den Spitzkohl gehört haben. Aber alle anderen, die in der Gemüsetheke sind, gehen ihren Weg weiter, als wäre nichts passiert.

„Okay, ich mache es", sagt Jonas, „ich übernehme die Jury. Wann geht es denn los?"

„Na, jetzt sofort", antwortet der Spitzkohl.

Den Schüler:innen den Spitzkohl anbieten

Als erstes machen sich das Porree-Paar Paolo und Paula mit einem sinnlichen Tango zum Tanzen bereit. Ganz gerade richten sie sich auf und beginnen, sich mit ihren langen Beinen im Takt über das Tanzparkett zu bewegen.

Den Schüler:innen zwei Porree-Stangen anbieten, im Hintergrund Tangomusik abspielen

Weiter geht es danach mit Roswitha Rosenkohl und ihrer ganzen Familie. Die Gruppe betritt das Tanzparkett, um ein klassisches Ballettstück aufzuführen. Dabei tanzen sie so anmutig, dass sie über den Boden schweben.

Den Schüler:innen Rosenkohl in unterschiedlichen Größen anbieten, im Hintergrund Ballettmusik abspielen

Und schon geht es weiter mit dem rockenden Brokkoli Rockolie und Resi Radieschen, das härteste Rockerpaar aus der Gemüsetheke. Rockolie und Resi legen einen Rock ‚n' Roll auf das Tanzparkett, dass der ganze Boden wackelt. Aus der Hüfte heraus machen sie die perfekten Bewegungen.

Den Schüler:innen Brokkoli und Radieschen anbieten, im Hintergrund Rock,n' Roll Musik abspielen

Und schon stehen die nächsten Paare auf der Tanzfläche. Da ist Ivan, der starke Ingwer mit seinem Bruder Igor. Mit einem russischen Tanz versuchen sie zu überzeugen. Mit schnellen Schritten und vielen Sprüngen reißen sie das Publikum mit.

Den Schüler:innen Ingwer anbieten, im Hintergrund russische Musik abspielen

Weiter an den Start geht der scharfe Chili Conzales mit seiner Partnerin Zora Zwiebel. Mit einem feurigen Salsa-Tanz tanzen sie sich in die Herzen der Menschen. Den feurigen Tanzstil spürt Jonas mit jeder Faser seines Körpers.

Den Schüler:innen eine Chili und eine Zwiebel anbieten, im Hintergrund Salsa Musik abspielen

Jonas ist begeistert von so vielen guten und einzigartigen Tanzeinlagen.

Und dann kommt da noch der Blumenkohl Bernhilde. Mit ihrem weißen Kleid tanzt sie mit Anton Aubergine den klassischen Wiener Walzer.

Den Schüler:innen einen Blumenkohl und eine Aubergine anbieten, im Hintergrund Walzermusik abspielen

Jonas hört von weitem eine vertraute Stimme: „Jonas, Jonas, was machst du da so lange? Du solltest doch nur einen Spitzkohl holen." Das ist Jonas' Mama. „Ach, ich sehe schon, du hast mal wieder geträumt", sagt sie.

Jonas macht seine Augen auf. Er steht mitten in der Gemüsetheke und so, als wenn nichts geschehen wäre, liegt das Gemüse ordentlich sortiert in der Gemüsetheke.

Nur zum Schluss, als Jonas gehen will, zwinkert der Spitzkohl ihm zum Abschied zu.

Zuhause angekommen, packt Jonas' Mama die Einkäufe aus. Verwundert stellt sie fest, dass der Spitzkohl fehlt.

„Jonas, wo ist denn der Spitzkohl geblieben? Hast du ihn vergessen?"

Jonas weiß, wo der Spitzkohl ist, du auch?

Ergänzungen

Inhalt

Die Geschichte spielt in einer Gemüsetheke eines Supermarktes, beteiligt sind Jonas und unterschiedliche Gemüsesorten. Jonas steht verträumt in der Gemüsetheke und darf als Juror am Tanzwettbewerb der Gemüsesorten teilnehmen. Er ist beeindruckt von den hervorragenden Tanzeinlagen der Gemüsesorten und der Musikstücke.

Der Raum könnte als Gemüsetheke aufgebaut werden. In unterschiedliche Holz- oder Pappkisten kann das Gemüse anschaulich dekoriert werden.

Ziele

Das Erkunden von unterschiedlichen Gemüsesorten. Dazu gehört das Vertrautwerden mit Größe, Form, Konsistenz, Geruch und Geschmack der verschiedenen Gemüsesorten.

Bei jüngeren Schüler:innen stehen die Sprachentwicklung im Vordergrund, sowie die Erweiterung des Wortschatzes.

Material

Eine Gemüsetheke mit unterschiedlichen Holzkisten

Gemüsesorten:

- Spitzkohl
- Kohlrabi
- 2 Porree-Stangen
- Rosenkohl in unterschiedlichen Größen
- Brokkoli
- Radieschen
- Ingwer
- Chili
- Zwiebel
- Blumenkohl
- Aubergine

Falls einige Gemüsesorten nicht zur Verfügung stehen, können alternativ Tina Tomate, Günter Gurke, Pedro Paprika usw. eingesetzt werden.

Musik für den Tanzwettbewerb

- Tango Musik
- Ballettstück
- Rock 'n' Roll Musik
- Russischer Tanz
- Salsa Musik
- Wiener Walzer

Weiterführende Ideen

Mit älteren Schüler:innen kann die Geschichte gut im Hauswirtschaftsunterricht stattfinden oder als Projekttag in der Küche. Es bietet sich auch an, die Gemüsesorten mit den Schüler:innen gemeinsam einzukaufen.

Die unterschiedlichen Gemüsesorten können mit allen Sinnen erfahrbar gemacht werden, sie sollen zum Riechen und Schmecken angeboten werden.

Zum Abschluss kann aus den unterschiedlichen Gemüsesorten ein Gemüseauflauf hergestellt werden.

Der Magier Zumpo

In einem verwunschenen Land lebte der Magier Zumpo. Die Bewohner des Landes waren begeistert von der Zauberkraft des Magiers, die er jeden Tag zum Vorschein brachte.

Zumpo zauberte für die Bewohner die wunderbarsten Dinge: Er konnte bunte Streusel vom Himmel regnen lassen, Zuckerwatte aus dem Rasen sprießen lassen, Weingummis an den Bäumen wachsen lassen und Waffeln aus den Blüten der Sonnenblumen zaubern.

Den Schüler:innen Streusel, Zuckerwatte, Weingummis und Waffeln anbieten und probieren lassen

Immer waren die Bewohner sehr zufrieden damit. Sie mussten sich keine Sorgen machen, alles regelte der Magier. Doch eines Tages kam der Maulwurf in das Land und mit ihm verschwand auf seltsame Weise die Zauberkraft des Magiers. Der Magier war völlig verzweifelt, was sollte er machen?

Und so ging er zum Maulwurf und sagte: „Du, was soll das? Du hast mir meine Zauberkraft geraubt. Bitte, ich will sie wiederhaben. Die Bewohner des Landes brauchen mich doch mit meiner Zauberkraft. Und du hast mir alles genommen, was soll nur aus uns werden? Ich will die Zauberkraft zurück! Vor 234 Jahren habe ich die Zauberkraft durch die Zauberprüfung bekommen…“

„Na und“, sagte der Maulwurf, „ist mir doch egal, dann hast du ab jetzt eben keine Zauberkraft mehr.“

Den Schüler:innen einen Maulwurf anbieten, der kann aus alten Schwarzen Socken hergestellt werden

„Bitte“, jammerte der Magier, „ich erfülle auch jede Prüfung die du mir auferlegst, jede Prüfung, auch die schwerste, die es gibt. Ja, ich würde jede Prüfung machen!“

„Okay, dann verwandle weißes Salz in buntes Salz“, murmelte der Maulwurf. „Nein, das ist vielleicht wirklich zu schwierig…“

So, liebe Schüler, und nun seid ihr an der Reihe. Ihr müsst dem Magier Zumpo helfen, weißes Salz in buntes Salz zu verwandeln. Dafür braucht ihr:

- ein kleines Glas
- 2 Esslöffel Salz
- ein langes Stück farbige Kreide (rot, blau, gelb, grün, pink usw.).

In das Glas füllt ihr nun das Salz und rührt es mit dem Kreidestück immer wieder Runde um Runde im Glas herum. Und jetzt schaut euch genau an, was im Glas passiert.

Den Schüler:innen das benötigte Material zur Verfügung stellen. Im Hintergrund kann leichte Entspannungsmusik laufen

Ergänzungen

Inhalt

Es handelt sich hier um eine Entspannungsgeschichte. Der Magier Zumpo verliert seine Zauberkraft und kann nicht mehr die Bewohner des Landes glücklich machen. Er kann keine Waffeln, bunte Streusel und Zuckerwatte zaubern. Der Maulwurf hat die Zauberkraft des Magiers Zumpo geraubt.

Der Magier Zumpo bekommt seine Zauberkraft nur wieder, wenn er weißes Salz in buntes verwandeln kann. Bei dieser Aufgabe sollen die Schüler:innen dem Magier Zumpo helfen. Eine konkrete Anleitung zeigt den Schüler:innen wie es gehen kann und sie können es selbst ausprobieren. Die Geschichte sollte in einer ruhigen Atmosphäre erzählt werden, beim Verwandeln des weißen Salzes in buntes Salz, kann im Hintergrund ruhige Entspannungsmusik abgespielt werden.

Ziele

Der Schwerpunkt dieser Geschichte liegt in der Entspannung nach einer Spannungsphase. Das monotone Rühren des Kreidestückes, in dem mit Salz gefülltem Glas, wirkt meditativ und lädt die Schüler:innen ein, zu Entspannen und ruhig zu Arbeiten.

Das Beobachten des Veränderungsprozesses des Salzes steigert die Aufmerksamkeit und Konzentrationsfähigkeit der Schüler:innen.

Material

- Süßigkeiten: bunte Streusel, Zuckerwatte, Weingummis und Waffeln
- Maulwurf
- Glas für alle Schüler:innen
- Salz
- Straßenmalkreide in unterschiedlichen Farben
- Ggf. Entspannungsmusik

Weiterführende Ideen

Das gefärbte Salz kann geschichtet in kleine Gläschen abgefüllt werden und das entstandene Kunstwerk kann untereinander betrachtet werden. Das Salz kann auch in einem Gefrierbeutel mit Reißverschluss gefüllt werden und lädt so zu der haptischen Erkundung ein.

Die gefüllten Gläser können verschenkt oder verkauft werden, oder bei einer Kunstausstellung präsentiert werden.

Julchen zieht aus

An dem Tag, als die Mama will, dass Julchen ihre Spielsachen aufräumt, beschließt Julchen: „Ich zieh aus, das mache ich so nicht mehr mit. Mit sieben Jahren ist man alt genug, um auszuziehen." Sie holt den braunen Koffer aus dem Keller und stellt ihn auf den Fußboden des Kinderzimmers.

Koffer ertasten lassen

Nun überlegt sie, was man braucht, wenn man von Mama und Papa auszieht. Sie schaut sich in ihrem Zimmer um und entdeckt ein frisch gewaschenes Handtuch, ihr Lieblingshandtuch, das riecht besonders gut.

Handtuch ertasten und riechen lassen

„Mein Lieblingshandtuch muss mit, sonst kann ich mich ja gar nicht abtrocknen, meine Hände, meine Haare, meine Beine…"

Mit dem Handtuch Körperteile berühren und benennen

Julchen legt das Handtuch in den Koffer. Sie überlegt weiter, was sie noch so gebrauchen kann. Da macht sich Wilhelm, das Kuscheltier, bemerkbar: „Julchen, willst du mich nicht mitnehmen? Wer soll dich denn sonst trösten, wenn du mal hingefallen bist?" „Ja, Wilhelm, du musst auf jeden Fall mit", sagt Julchen.

Kuscheltier anbieten, beim Einsatz des eigenen Kuscheltieres auch deren Namen verwenden

„Aber was brauchen wir denn sonst noch?", fragt Wilhelm. Julchen schaut sich weiter um und entdeckt die grünen Gummistiefel. „Die müssen auch mit", denkt sie, „denn Wasserpfützen gibt es überall, und ohne meine grünen Gummistiefel kann ich die Wasserpfützen nicht erobern."

Gummistiefel anbieten

Julchen legt die grünen Gummistiefel in den Koffer. „Wir brauchen aber auch noch etwas zu essen", ruft Wilhelm. „Dann nehmen wir doch einfach die Weingummis mit", antwortet Julchen.

Tüte mit Weingummis anbieten und ertasten lassen

Julchen packt die Tüte mit den Weingummis in den Koffer. „Oh, mein Sparschwein muss ich auch mitnehmen, falls ich mal was kaufen will."

Ein gefülltes Sparschwein anbieten

Und schwups, liegt das prall gefüllte Sparschwein im Koffer. „Und was machen wir, wenn wir mal müde sind?“, will Wilhelm wissen. „Dann legen wir uns auf die selbstgenähte Kuscheldecke von Oma Thea und schlafen einfach“, antwortet Julchen.

Eine Kuscheldecke anbieten, sodass die Schüler:innen sich darauflegen und einkuscheln können

Sie legt die Kuscheldecke in den Koffer. „Oh, das habe ich fast vergessen, meine Fußballschuhe brauche ich auch noch, ich muss trainieren, damit ich eine gute Fußballspielerin werde“, fügt Julchen hinzu.

Fußballschuhe anbieten

Und so landen auch die Fußballschuhe mit Stollen im Koffer. „Ich glaube, jetzt haben wir alles eingepackt was man braucht, um von Mama und Papa auszuziehen“, sagt Julchen. Schnell klettert Wilhelm in den Koffer. Julchen macht den Koffer zu und setzt sich für einen Moment darauf. Plötzlich hört sie ein fürchterliches Geschrei, das aus dem Koffer kommt. Erschrocken macht sie den Koffer auf. Das Lieblingshandtuch ruft heraus und fängt dabei fürchterlich an zu schimpfen: „Wie kannst du es zulassen, Julchen, dass die dreckigen Gummistiefel neben mir liegen? Das ist ja widerlich und schrecklich und die stinken auch noch."

Handtuch und Gummistiefel anbieten

„Ja und schau mal, wie wir jetzt aussehen", rufen die Weingummis, „wir werden ganz platt, weil das dicke Sparschwein auf uns liegt, und bewegen können wir uns auch nicht mehr."

Tüte mit Weingummis und das Sparschwein anbieten

„Ja, was soll ich denn erst sagen?", empört sich die Kuscheldecke, „neben mir liegen die Fußballschuhe mit den Stollen, das tut ganz schön weh."

Kuscheldecke und Fußballschuhe anbieten

„Julchen, so kannst du nicht mit uns ausziehen, so geht das nicht!", rufen alle im Chor.

Da kommt die Mama in Julchens Zimmer: „Was machst du denn hier? Hast du schon aufgeräumt?", will sie wissen. „Ich habe den Koffer gepackt, weil ich doch ausziehen will. Aber jetzt haben sich das Handtuch, die Weingummis und die Kuscheldecke beschwert, ich habe den Koffer nicht richtig gepackt", antwortet Julchen traurig. „Ach Julchen, draußen regnet es gerade. Vielleicht kannst du ja noch etwas bei uns bleiben und später den Koffer packen", sagt die Mama. Julchen überlegt und dabei riecht sie ihr Lieblingsessen. Das muss aus der Küche kommen. Dann sagt sie zu der Mama: „Mama, weißt du was, ich gebe dir noch eine Chance. Ich ziehe jetzt noch nicht aus, aber später vielleicht, dann kann ich bestimmt auch einen Koffer richtig packen.

Ergänzungen

Inhalt

Julchen soll ihr Zimmer aufräumen, aber das möchte sie nicht und somit beschließt sie mit ihren sieben Jahren auszuziehen. Sie holt ihren Koffer und packt diesen mit den merkwürdigsten Dingen. Unterstützung erfährt Julchen dabei von ihrem Kuscheltier.

Julchen ist mit ihrem gepackten Koffer zufrieden und will diesen gerade schließen, als sich die gepackten Sachen lauthals beschweren und in diesem Zustand nicht mit ihr ausziehen wollen.

Der Raum sollte dem Thema entsprechend gestaltet werden. Es bietet sich an einige Spielsachen durcheinander auf den Boden zu legen, um das unordentliche Kinderzimmer zu repräsentieren. Das Material, welches in der Geschichte verwendet wird, sollte sich auch darunter befinden.

Ziele

Die Geschichte bietet sich an um das Thema „Koffer packen" vor einer Klassenfahrt oder vor dem Urlaub zu erarbeiten. Wie groß ist ein Koffer und was passt alles hinein? Der Schwerpunkt liegt darin, dass die Schüler:innen einen Koffer ertasten und erfahren können. Des Weiteren werden die Sprachförderung, die Wortschatzerweiterung sowie die Begriffsbildung gefordert und gefördert.

Material

- Koffer
- Handtuch
- Kuscheltier
- Gummistiefel
- Tüte mit Weingummis
- Gefülltes Sparschwein
- Kuscheldecke
- Fußballschuhe (oder alternativ: Schuhe mit Absatz, für den Tanzunterricht)

Weiterführende Ideen

Die Geschichte könnte als Einstieg in das Thema „Koffer packen" verstanden werden. Gemeinsam kann überlegt werden, wie ein Koffer gepackt wird und was alles in einen Koffer gehört, beispielsweise für eine bevorstehende Klassenfahrt. Das Spiel „Ich packe in meinen Koffer" kann ganz konkret gespielt werden, da die Schüler:innen die genannten Sachen in den Koffer legen können.

Des Weiteren besteht die Möglichkeit aus Tonkarton einen Koffer zu basteln und unterschiedliche Bilder von möglichen Kofferinhalten aufzukleben. Ein nächster abstrakter Schritt kann das Aufkleben von Symbolen und Piktogrammen in einen weiteren Koffer sein.

Das neu kennengelernte Material sollte gemeinsam wieder in den Koffer gelegt werden, um dann einfache Spiele durchzuführen. Die Fragen bei den Kim-Spielen richten sich an den Entwicklungsstand der Schüler:innen. Zum Beispiel „Wer findet das Sparschwein im Koffer?“ und „Wo hat sich der Fußball versteckt?“. Eine andere, etwas mehr fordernde Variante könnte sein, dass ein Gegenstand aus dem Koffer genommen wird und die Schüler:innen erkennen sollen, welcher Gegenstand nun fehlt. Bei leistungsschwächeren Schüler:innen können die Spiele weiter variiert werden, wie beispielsweise „Welchen Gegenstand aus dem Koffer findest du besonders gut?“.

Sollte keine aktive Sprache vorhanden sein, kann die Gruppe auch erraten, welchen Gegenstand der / die Schüler:in wählen würde als Lieblingsgegenstand. Der ausgewählte Gegenstand wird dem / der Schüler:in angeboten und die Reaktion zeigt, ob die Gruppe richtig geraten hat.

Anton und das Sockenmonster Sofie

Anton hat an diesem Tag beschlossen, mit einem Teppich zu fliegen. Am Abend liegt Anton im Bett und erzählt Sofie, dem Sockenmonster, von seinem Plan, einen fliegenden Teppich zu finden. Das Sockenmonster ist begeistert: „Ja, Anton, wenn du so einen findest, dann musst du mich mitnehmen." „Das mache ich", sagt Anton, „wir sind doch richtige Freunde. Dann gehen wir auf eine große Reise und schauen uns die Welt von oben an."

Den Schüler:innen das Sockenmonster anbieten

„Aber welchen Teppich sollen wir denn zum Fliegen nehmen?", will Sofie wissen. Anton geht in die Garage und kommt mit einem großen Kunstrasenteppich wieder. „Wie wäre es hiermit?", sagt Anton. Beide Freunde setzen sich auf den Kunstrasen. „Oh nein", ruft Sofie, das Sockenmonster, „das geht gar nicht, das pikst an meinem Popo." „Stimmt, das pikst schrecklich", sagt Anton „und zudem ist der Teppich auch ganz schön schwer." Anton und das Sockenmonster überlegen weiter.

Den Schüler:innen ein Stück Kunstrasen anbieten und ertasten lassen

Da kommt die Mama, die von dem Vorhaben, mit einem Teppich zu fliegen, gehört hat und bringt einen alten Fellteppich. „Hier, ihr beiden", sagt die Mama „das ist doch ein Teppich für euch, der ist schön weich." Sofie und Anton setzen sich auf den Teppich. „Oh", sagt Anton, „der ist aber wirklich weich, vielleicht ist das unser Teppich." Sofie setzt sich zu Anton auf den Teppich und muss plötzlich fürchterlich niesen. „Nein", ruft Sofie, „das geht nicht, da muss ich ja nur nießen, mit dem Teppich können wir ganz bestimmt nicht fliegen."

Den Schüler:innen einen Fellteppich anbieten

Dann kommt der Vater. Auch er hat von dem Vorhaben gehört und bringt einen bunten, gehäkelten Wollteppich aus seinem alten Campingbus mit. Sofie schaut sich den Teppich an und wieder ruft sie: „Nein, das geht auch nicht, meine Augen halten diese grellen Neonfarben nicht aus, das tut richtig weh. Mit dem Teppich können wir auch nicht fliegen."

Den Schüler:innen einen gehäkelten Wollteppich anbieten (der gehäkelte Wollteppich kann auch durch einen anderen ersetzt werden)

Anton ist traurig. „Sofie, wir werden keinen Teppich finden." „Doch Anton, wir finden schon einen", will Sofie Anton etwas aufheitern. „Hier im Haus gibt es aber keinen Teppich mehr", sagt Anton. „Dann lass uns doch jetzt erst einmal schlafen gehen und morgen überlegen wir, wie es weitergeht", schlägt Sofie, das Sockenmonster vor. In der Nacht hat Sofie dann einen Traum.

Sofie ist ganz aufgeregt und will Anton von ihrem Traum erzählen: „Anton, Anton, ich kenne die Lösung! Also, als ich noch kein Sockenmonster war, sondern nur eine einfache Socke, da war ich bei Bauer Heini am Fuß, der lebte auf einem großen Bauernhof. Jeden Tag ist der Bauer mit mir am Fuß durch einen großen Wald bis zum alten Wasserschloss gelaufen. Dort war auch eine Weberei. Und in einer Weberei gibt es Webstühle und Wolle und daraus werden schöne Stoffe und auch Teppiche hergestellt. Da werden wir bestimmt einen passenden Teppich finden."

Anton und Sofie gehen durch den Wald zum alten Wasserschloss. Dabei laufen sie den langen Waldweg entlang, an dem links und rechts dicke Eichen stehen. Die Zweige bewegen sich leicht hin und her. Langsam wird es schon dunkel und auch etwas gruselig. Der Wind pfeift durch die Blätter. Eine Eule sitzt in einem Baum und macht merkwürdige Geräusche.

Schnell laufen die beiden zum Schloss. Als sie an der großen Eingangstür stehen, versuchen sie, diese leise zu öffnen. Aber es geht nicht, die alte

Holztür quietscht so laut, dass fast alle Tiere wach werden. Mutig gehen sie jedoch hinein und sehen mitten im Flur eine alte Truhe, die auf einem wunderschönen Perserteppich mit einem goldenen Rand steht. Anton und Sofie sind ganz aufgeregt.

„Das ist der Teppich der fliegen kann, ich spüre es ganz genau", ruft Anton aufgeregt. Vorsichtig schieben sie die alte Truhe zur Seite und gehen mit dem Teppich in den Schlossgarten. Sie setzen sich auf den Teppich, aber es passiert nichts. „Wir müssen den Teppich ausschütteln", sagt Anton, „ich glaube, dann wird es was." Mit vereinten Kräften schütteln sie den Teppich ordentlich aus und dann setzen sie sich wieder darauf. Alles scheint zu passen, die Größe, die Schwere, das Material, aber der Teppich will einfach nicht fliegen. „Wir brauchen einen Zauberspruch", sagt Anton, „kennst du nicht vielleicht einen Zauberspruch, Sofie?"

Den Schüler:innen den alten Perserteppich anbieten, gemeinsam ausklopfen und auf den Teppich setzen

„Wind und fliege mit der Ziege", versucht Sofie einen Zauberspruch zu finden. Anton ruft genervt: „Das ist doch Quatsch, so wird das nie was."

Da kommt Fritz, der fesche Frosch, auf den Teppich gehüpft. „Also Freunde, so wird das nichts, der Teppich fliegt nur, wenn ich auch mit dabei bin." Dann hören sie aus der Ferne eine Stimme: „Stimmt gar nicht", ruft Trude, die Tausendfüßler-Frau und klappert mit ihren 1000 Füßen. „Nur wenn ich dabei bin geht es los." Trude, die Tausendfüßler-Frau, steigt ebenfalls auf den Teppich, klappert nochmals mit ihren 1000 Füßen und siehe da, der Teppich steigt langsam in die Höhe. Jetzt können die Abenteuer von Anton, Sofie Sockenmonster, dem feschen Frosch Fritz und Trude Tausendfüßler-Frau beginnen.

Wo fliegen sie wohl zuerst hin, hast du eine Idee?

Ergänzungen

Inhalt

In dieser Geschichte geht es um Anton, der eines Tages beschlossen hatte einen Teppich zu suchen, mit dem er fliegen kann. Das Sockenmonster Sofie ist begeistert von der Idee und möchte unbedingt mit Anton solch einen fliegenden Teppich finden.

Die beiden probieren die verschiedensten Teppiche aus, aber keiner ist passend. Der Kunstrasenteppich pikst, der Wollteppich löst eine Allergie bei Sofie aus und der bunt gehäkelte Teppich ist zu schrill mit seinen Neonfarben. Die beiden beschließen zum alten Schloss zu laufen, um in der alten Weberei einen passenden Teppich zu finden. Im Flur finden sie endlich unter der Truhe einen passenden Teppich zum Fliegen. Aber nur mit Fritz Frosch und Trude Tausendfüßler kann das Abenteuer beginnen. Gemeinsam fliegen sie los und gehen vielleicht auf Abenteuerfahrt. Die Geschichte kann in jedem Klassenraum erzählt werden und benötigt, bis auf das Material, keine weiteren Vorbereitungen.

Ziele

Die haptische Auseinandersetzung mit den unterschiedlichen Teppichen ist die schwerpunktmäßige Zielsetzung. Das Entdecken der unterschiedlichen Materialien durch die haptische Wahrnehmung soll den Schüler:innen deutlich machen, dass es viele unterschiedliche Arten von Teppichen gibt, die sich in ihrer Größe, Form, Farbe und Schwere unterscheiden.

Das offene Ende der Geschichte soll ermutigen, Orte zu benennen, zu denen Anton und Sofie mit dem fliegenden Teppich fliegen und so die Kreativität der Schüler:innen steigern.

Material

- Sofie das Sockenmonster (selbst gestalten durch eine alte Socke)
- Kunstrasenteppich
- Fellteppich
- Gehäkelter Teppich
- Perserteppich oder einen anderen festen schweren Teppich

Weiterführende Ideen

Die Schüler:innen basteln mit Unterstützung ein Sockenmonster, dabei ist es ratsam die Socke schon etwas vorzubereiten.

Das Sockenmonsterspiel bietet eine Vertiefung der Begriffe weich, hart, stachelig und schwer an.

Sockenmonsterspiel:
Die Schüler:innen laufen durch den Raum, in dem die unterschiedlichen Teppiche verteilt liegen. Der Spielleiter sagt zu welchem Teppich das Sockenmonster laufen soll. Alle gebastelten Sockenmonster setzen sich auf den genannten Teppich. Danach dürfen die Schüler:innen festlegen auf welchen Teppich sich das Sockenmonster setzen soll.

Zauberland

Wir sind in einer kalten, eisig kalten Winterlandschaft im Zauberwald. Der Schnee macht alles weiß.

Hier leben verschiedene Trolle, Feen und Hexen.

Hört, wie der Schnee fällt und der Wind dir durch die Haare pustet.

Musik: Vier Jahreszeiten / Vivaldi

Material: Föhn

Plötzlich taucht hinter einem Baum ein merkwürdiges Wesen auf, ein Troll. Ganz raue und harte Haut hat dieser Troll.

Raue und harte Gegenstände anbieten

Der Troll ist ganz traurig und nun hört einmal, was er euch erzählen möchte.

Mit verstellter dunkler Stimme sprechen

„Bitte, ich brauche eure Hilfe. Die Hexen haben mich verhext. Mein weiches Fell wird immer härter, bis ich irgendwann ganz hart bin, also ein Stein, der nicht mehr laufen kann.“

Harte und weiche Stoffe anbieten

Der Troll spricht weiter: „Ich kann nur entzaubert werden, wenn ich alle Zauberbälle, die im Wald versteckt sind, finde und sie auf meinen Körper lege. Ich bitte euch um eure Hilfe. Sucht hier im Zauberwald mit mir die Zauberbälle. Aber wir müssen auf die Nebelfrau aufpassen, sie verteilt ihren Nebel überall und dann können wir nicht mal mehr die Hand vor Augen sehen. Seid mal still, könnt ihr die Nebelfrau schon hören?“

Nebelfrau mit verstellter mystisch klingender Stimme sprechen

Material: Nebel, eventuell durch Nebelmaschine

Musik: Nebelmusik / Game of Thrones

„Nebel, Nebel, Nebel, _____________ ___________________ den werde ich euch geben. __________________ Er lässt die Zauberbälle verschwinden.“

Zuerst müssen wir durch den Knisterwald. Hört ihr, wie es knistert und knackt?

Mit Rettungsfolie rascheln

Oh, schaut einmal nach ob ihr hier einige Zauberbälle findet. Alle Bälle müssen wir mitnehmen.

Und weiter geht das Abenteuer. Wir müssen nun die Eiswand durchbrechen, der Troll begleitet euch. Passt gut auf und denkt an die Zauberbälle. Wenn ihr welche gefunden habt, bringt sie mit.

Anstreicherfolie über den Körper der Schüler:innen ziehen, geraspelte Eiswürfel über Hände und Gesicht rieseln lassen

Musik: Harry Potter, Theme Song, Violin Cover

Habt ihr es geschafft? Sind alle aus dem Eiswald wieder da? Dann kann es weitergehen. Wir müssen jetzt durch den Schneewald, hier müsst ihr besonders gut aufpassen. Die Hexen werfen mit Schneebällen nur so um sich. Und manchmal ist es kein Schneeball, sondern ein Zauberball.

Vorsichtig mit Watteballen und Zauberbällen werfen

Und, habt ihr Zauberbälle gefangen?

Dann legen wir alle Zauberbälle zusammen und zählen ob es 15 Zauberbälle sind.

Geschafft, jetzt müssen wir nur noch den Troll mit allen Bällen zudecken, aber vorher probieren wir es selber aus. Legt euch einmal hin und wartet ab, was dann passiert.

Alle Bälle werden auf die Rücken der Schüler:innen gelegt

Der Troll ist entzaubert und nun gibt es ein riesen Fest mit Musik, Tanz und vielem Essen. Und das Beste ist, der Troll hat euch alle eingeladen.

Musik: Wake up, Klassik

Ergänzungen

Inhalt

Die Geschichte vom Zauberland ist eine Abenteuergeschichte. Die Schüler:innen sollen gemeinsam Aufgaben bewältigen. Sie müssen den Troll des Waldes retten, er ist von der Hexe verzaubert worden. Gemeinsam mit dem Troll müssen die Schüler:innen 15 Zauberbälle finden, um den Zauberfluch aufzuheben.

Der Raum kann für dieses Abenteuer in eine Winterlandschaft verwandelt werden. Der Boden kann mit frischem Moos und Blättern und Baumrinde ausgelegt werden, somit entsteht auch ein typischer Waldgeruch. Aus alten Weihnachtsbäumen oder großen Zweigen entsteht ein Wald. Dieser kann durch unterschiedliche Lichterketten in Szene gesetzt werden.

Ziele

Die Schüler:innen können zwischen harten und weichen Gegenständen und Stoffen unterscheiden und es erfolgen unterschiedliche Erfahrungen im taktil-haptischen Bereich. Zudem festigen sich die Begriffe „hart" und „weich".

Im sozial-emotionalen Bereich werden durch das gemeinsame Erleben und Bestehen der Aufgaben vielfältige Erlebnisse in der Gruppe erfahrbar gemacht.

Material

- Ggf. Musik: Vier Jahreszeiten / Vivaldi
- Föhn
- Troll (selbstgebastelte Puppe oder eine ähnliche Fantasiefigur)
- Raue und harte Gegenstände
- Harte und weiche Stoffe
- Nebelfrau (selbstgebastelte Figur oder ähnliche Fantasiefigur mit flatterndem Kleid)
- Nebelmaschine, falls vorhanden
- Ggf. Musik: Nebelmusik / Game of Thrones
- Rettungsfolie
- Anstreicherfolien für den Eiswald (an der entsprechenden Stelle wird die Anstreicherfolie über den Körper der Schüler:innen gezogen; dabei besondere Vorsicht auf den Gesichtsbereich legen. Zusätzlich können noch Eiswürfel mit einer Raspel geraspelt werden, sodass diese auf die Hände und Gesicht fallen. So wird die Kälte zu spüren sein.)
- Ggf. Musik: Harry Potter, Theme Song, Violin Cover
- Schneebälle (Wattekugeln)
- 15 Zauberbälle (aus unterschiedlicher Wolle werden Bälle gehäkelt und mit verschiedenen Materialien gefüllt. Das Füllmaterial sollte unterschiedliche Merkmale aufweisen um verschiedene Sinne anzusprechen, wie zum Beispiel Reis, Bohnen, Alufolie, Zeitungspapier, Watte etc.)
- Ggf. Musik: Wake up, Klassik

Raumgestaltung

- Weihnachtsbäume
- Blätter
- Moos
- Baumrinde
- Zweige
- Mutterboden
- Lichterketten

Weiterführende Ideen

Die Geschichte könnte auch in einer Projektwoche erarbeitet werden. An mehreren Tagen werden kurze Abschnitte erzählt, erfahren und dargestellt. An jedem Tag gibt es eine kleine Wiederholung mit den bekannten Abschnitten und ein neuer intensiver Abschnitt kommt hinzu. Am Ende der Projektwoche wird die ganze Geschichte erlebbar gemacht. Weitere Aktionen könnten das Herstellen von Zauberbällen sein, sowie das Herstellen unterschiedlicher Trolle und Nebelfeen.

5 Literatur

Zimmer, R.: Handbuch der Sinneswahrnehmung, Freiburg im Breisgau 2019

Bayrisches Staatsministerium für Unterricht und Kultus: Lehrplan für den Förderschwerpunkt Geistige Entwicklung, München 2003

Claudia Rademacker

Zu meiner Person:

Ich bin Erzieherin, Heilpädagogin und Fachlehrerin. Die Arbeit in einer Familie mit zwei Kindern mit intensivem Förderbedarf vor meinen Ausbildungen hat meine berufliche Arbeit und meinen Werdegang geprägt. Seit 1993 bin ich an einer Förderschule mit dem Förderschwerpunkt geistige Entwicklung tätig. Mein persönlicher Schwerpunkt ist die Arbeit mit Schüler:innen mit intensivem Förderbedarf.

Durch meine Geschichten und Angebote für die Schüler:innen möchte ich ihnen die Teilhabe am gesellschaftlichen Leben ermöglichen und erreichen, dass sie möglichst selbstbestimmt leben können.

Lust auf weitere Bücher, auf spannende Spiele, Materialien und Ideen?

Dann beachten Sie die Hinweise auf den folgenden Seiten …

VON LOEPER LITERATURVERLAG
Daimlerstr. 23, 76185 Karlsruhe, Tel. (0721) 46 47 29 0, Fax (0721) 46 47 29 099
E-Mail: Info@vonLoeper.de, Internet: www.vonLoeper.de